地理标志
管理实务

王瑜　邓一凡　丁坚　马新明◎著

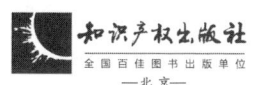

全国百佳图书出版单位
—北京—

图书在版编目（CIP）数据

地理标志管理实务/王瑜等著.—北京：知识产权出版社，2024.9.
ISBN 978-7-5130-9501-3

Ⅰ.D923.43

中国国家版本馆 CIP 数据核字第 2024TA1395 号

内容提要

本书旨在深入探讨地理标志管理领域内的各项核心问题，其内容覆盖我国地理标志制度的发展历程、规范体系、实际应用、管理机制、申请流程及地理标志专用标志等相关知识。系统阐述了地理标志从申请、管理到维权等各个环节的具体实务操作，为申请人、权利持有人及相关从业人员提供坚实的理论基础与实用指南，有力促进地理标志的规范使用与高效运营。本书的出版不仅有助于推动地理标志事业的健康发展，更为乡村振兴战略的深入实施与实现共同富裕贡献积极力量。

本书适合地理标志的申请人、持有人及业界同人阅读。

责任编辑：龚　卫　　　　　　　　责任印制：刘译文
封面设计：杨杨工作室·张冀

地理标志管理实务

DILI BIAOZHI GUANLI SHIWU

王　瑜　邓一凡　丁　坚　马新明　著

出版发行：知识产权出版社 有限责任公司	网　　址：http://www.ipph.cn
电　　话：010-82004826	http://www.laichushu.com
社　　址：北京市海淀区气象路 50 号院	邮　　编：100081
责编电话：010-82000860 转 8120	责编邮箱：laichushu@cnipr.com
发行电话：010-82000860 转 8101	发行传真：010-82000893
印　　刷：天津嘉恒印务有限公司	经　　销：新华书店、各大网上书店及相关专业书店
开　　本：720mm×1000mm　1/16	印　　张：13.75
版　　次：2024 年 9 月第 1 版	印　　次：2024 年 9 月第 1 次印刷
字　　数：183 千字	定　　价：79.00 元

ISBN 978-7-5130-9501-3

出版权专有　　侵权必究

如有印装质量问题，本社负责调换。

前 言
PREFACE

随着全球市场一体化的不断深入，地理标志作为一种推动地方经济发展、传承文化遗产及保障消费者利益的关键工具，其价值越发受到重视。《地理标志产品保护办法》与《集体商标、证明商标注册和管理规定》的实施，彰显了我国地理标志保护工作迈入一个新的阶段。本书的问世，旨在与时俱进，为地理标志的管理者和使用者提供一本兼具权威性和实用性的操作手册。对于地理标志的管理者来说，本书详尽阐述了地理标志从申请、审核到后续监管和维权的整个流程，并提供了众多实际操作的案例分析与经验交流，助力管理者迅速掌握工作流程，提升工作效率。对于使用地理标志专用标志（"红标"）的企业而言，本书特别强调了企业如何合法合规地使用地理标志专用标志，涵盖了申请程序、使用规范、品牌维护等多个方面。本书通过引入真实的成功与失败案例，旨在帮助企业深刻理解地理标志在品牌建设与市场扩张中的重要作用，进而更加珍视和保护自身的地理标志权益。

我们坚信，随着我国地理标志立法工作的持续推进，地理标志保护必将不断取得新的进展，为地方经济的繁荣和文化遗产的传承作出更加显著的贡献。

目 录
CONTENTS

第一章 地理标志制度介绍 **001**
    第一节　地理标志的概念与法律特性 / 001
    第二节　地理标志保护制度 / 008

第二章 如何申请地理标志 **019**
    第一节　申请地理标志的条件 / 019
    第二节　申请文件的准备 / 031
    第三节　申请地理标志过程中存在的冲突 / 052

第三章 地方政府对地理标志的管理 **058**
    第一节　地方政府在地理标志管理中的角色 / 058
    第二节　如何建立地理标志管理体系 / 066
    第三节　地方政府对地理标志的管理 / 072

第四章 协会如何管理地理标志 **078**
    第一节　协会如何构建地理标志管理机构 / 078
    第二节　地理标志商标及包装物管理 / 088
    第三节　产品质量管理及其他管理 / 097
    第四节　协会如何解决经费问题 / 106

第五章　地理标志专用标志的使用管理 110

第一节　如何申请使用地理标志专用标志 / 110

第二节　如何规范使用地理标志专用标志 / 117

第三节　使用地理标志专用标志的注意事项 / 126

第六章　地理标志助力乡村振兴 131

第一节　地理标志产业属性 / 131

第二节　地理标志产业几个相关问题 / 142

第三节　地理标志产业案例介绍 / 148

第七章　地理标志金融服务创新 158

第一节　地理标志的经济价值 / 158

第二节　地理标志价值评估 / 160

第三节　地理标志质押融资 / 167

第四节　地理标志保险 / 174

第五节　地理标志证券化 / 177

第八章　地理标志的保护与维权 184

第一节　地理标志民事维权 / 184

第二节　地理标志刑事与行政维权 / 191

第三节　地理标志维权与防护 / 195

后　记 211

第一章 地理标志制度介绍

本章简要介绍地理标志制度的源起及法律特征，地理标志保护制度等。

第一节 地理标志的概念与法律特性

一、地理标志的概念

地理标志在业界常被简称为"地标"，该术语具有特定的法律与商业含义。通常而言，"地标"一词在日常语境中常指代一个城市的标志性建筑或某一地区的代表性符号，这些地标性建筑能够迅速唤起公众对于所在城市的记忆与联想，诸如法国的埃菲尔铁塔、意大利的比萨斜塔、中国的北京央视大楼及上海东方明珠塔等，均属此类。然而，当"地标"被用作地理标志的简称时，其含义则发生了显著变化，更多的是指向某一产品因其来源于特定地域而具备的特定品质、声誉或其他特性，这种特性与该地域的自然因素和人文因素紧密相关。以地理标志产品"庐山云雾茶"为例，消费者在听闻此名时，会自然而然地联想到该产品是否与庐山这一地理区域有着密切的关联，是否在庐山的特定环境条件下生产而成。

为了更准确地理解地理标志的概念，我们有必要了解一下相关的法律规定与定义。

（一）世界知识产权组织的解释

根据《与贸易相关的知识产权协定》（简称《TRIPs协定》）的规定，所谓地理标志，是指识别一货物来源于特定成员国领域或该领域内特定地区或地方的标识，该货物的特定质量、声誉或其他特性主要归因于其地理来源。

世界知识产权组织认为：地理标志是一种用于具有特定地理来源的商品的标志，这些商品具有可主要归因于产地的品质、声誉或特征。一个标志要作为地理标志发挥作用，必须能够识别产品源自特定产地。此外，该产品的品质、特征或声誉在本质上也要归因于其原产地。由于质量取决于地理产地，因此在产品与其原产地之间存在明显的联系，即地理标志是指识别一货物来源于一成员领土或该领土内一地区或地方的标识，该货物的特定质量、声誉或其他特性主要归因于其地理来源。

（二）我国法律的规定

《中华人民共和国商标法》（简称《商标法》）第十六条第二款规定："前款所称地理标志，是指标示某商品来源于某地区，该商品的特定质量、信誉或者其他特征，主要由该地区的自然因素或者人文因素所决定的标志。"《地理标志产品保护办法》第二条规定："本办法所称地理标志产品，是指产自特定地域，所具有的质量、声誉或者其他特性本质上取决于该产地的自然因素、人文因素的产品。"

根据以上规定，我们对地理标志的概念进行如下概括：一是，地理标志是指具有特定质量或独特特性的产品或商品；二是，这些特性与当地的自然因素或人文因素紧密相关，由当地独特的气候环境和人文背景所决定。简而言之，地理标志代表了那些特定质量源于当地自然环境和历史文化背景的产品或商品。这一概念很容易让人联想到各地的土特产，而事实上，许多土特产确实符合地理标志的特征，并已成功申请成为地理标志产品。

二、地理标志的法律特征

《地理标志产品保护办法》第三条规定："地理标志产品应当具备真实性、地域性、特异性和关联性。真实性是地理标志产品的名称经过长期持续使用，被公众普遍知晓。地域性是地理标志产品的全部生产环节或者主要生产环节应当发生在限定的地域范围内。特异性是产品具有较明显的质量特色、特定声誉或者其他特性。关联性是产品的特异性由特定地域的自然因素和人文因素所决定。"

地理标志作为知识产权的一个重要组成部分，与商标、专利、著作权等共同构成了知识产权的广泛领域。基于相关规定对地理标志的明确界定，我们可以提炼出地理标志所具备的法律特征，这些特征构成了其法律属性的基础。

（一）独特性

独特性在《TRIPs 协定》中表述为"特定质量、信誉或其他特征"。特定质量的核心在于"特"字，它蕴含了独特、特别之意。值得注意的是，地理标志所强调的"特"，并非指产品品质相较于同类有显著优越性。

以莲子为例，我国江西、湖南、湖北、浙江、福建等地均为重要产区。江西产区的莲子广泛被称为白莲，"广昌白莲"与"石城白莲"均为地理标志商标，其显著特点是色泽洁白、体型较大且通芯；而湖南产区的"湘莲"则以体型较小、外表呈红色且不通芯为标志。然而，这些特征并不足以作为评判不同莲子品质优劣的依据。江西莲子口感略带甜味，适合直接食用或作为磨牙食品；湖北莲子体型虽小却质地较硬，不适宜生吃，但在烹饪如银耳炖莲子时，却能展现出更为绵软的口感。因此，消费者在选择莲子时，应依据个人口味偏好及食用方式的不同，灵活选择江西白莲、湖南湘莲或湖北莲子等品种。

（二）地域性

根据《地理标志产品保护办法》第十一条的明确规定，每一项地理标志均设有明确的产地保护范围，且该范围必须被详细且准确地罗列出来。这一规定体现了地理标志产品所固有的地域性特征，确保对特定区域内的产品进行专有保护和识别的要求得以落实。

古语有云："橘生淮南则为橘，生于淮北则为枳。"此语精准地阐述了地理标志的地域性特征。由于气候等自然条件的差异，橘子在自然环境下难以在寒冷的北方地区开花结果。同样的，若尝试将北方的苹果移至南方种植，尽管可能实现开花结果，但其口感品质往往难以与北方原产地相媲美。此现象深刻诠释了"一方水土养一方人"的古老智慧，该原理同样适用于农产品的生产。不同地域的自然环境为农产品赋予了独特的品质与风味，彰显了地理环境对农产品特性的重要影响。

自然环境对农产品品质有着重要的影响。例如，江西丰城市与陕西安康市等地，因地处一条富硒带，生长的农产品天然富含硒元素。而地理标志产品"南丰蜜桔"以其卓越的品质自古以来便作为贡品享有盛誉，尽管南丰县周边地区多有引种尝试，但所产蜜橘的口感与南丰本地种植的相比，仍存在显著差异。这再次印证了不同气候、土壤、环境等自然条件对农产品质量的深远影响。

（三）关联性

《商标法》与《地理标志产品保护办法》在描述关联性时，均采用了较为相近的表述，即"某一产品所具备的独特质量特征，主要归因于该产地独特的自然条件与人文环境"。此处的"取决于该产地的自然因素和人文因素"，即是对关联性的明确阐述。

例如，江西省的地理标志产品"泰和乌鸡"在《本草纲目》中有所记载，书中详述了乌骨鸡的多种形态，包括白毛乌骨、黑毛乌骨、斑毛乌骨等，以及鸡舌呈黑色则骨肉俱乌、入药效果更佳的特点。"泰和乌鸡"以其独特的白毛乌骨特征，其鸡肉和骨头的颜色相比其他品种的乌骨鸡更为深黑，极具特色。此鸡种源自江西省泰和县的武山地区，当地有俗语"不食武山水，不为武山鸡"，强调了武山环境对"泰和乌鸡"品质的重要性。据相关介绍，"泰和乌鸡"若移至外地饲养，经过三代繁育后，其品种特性将发生变异。这一现象的主要原因在于武山水质中富含特定矿物质，这些矿物质与"泰和乌鸡"的独特品质之间存在着必然的关联。

地理标志保护的范畴不仅局限于农产品，亦涵盖了一系列传统工艺品及其加工制品，诸如江西景德镇的陶瓷、余干地区的木雕艺术，以及弋阳所产的年糕等，这些产品背后蕴含着深厚的历史人文底蕴。以景德镇为例，该地自古以来便是制瓷业的璀璨明珠，其高岭村所产的高岭土，更是享誉全球的制瓷原料。此外，景德镇汇聚了来自四面八方的制瓷匠人，大师们在此云集，共同铸就了景德镇瓷器举世闻名的辉煌成就。再观江西进贤县文港镇，该地历史上曾隶属于临川县，以毛皮市场闻名。随着临川县人崇尚学问之风的盛行，毛皮市场逐渐转型，孕育出了独具特色的毛笔产业。"文港毛笔"的兴起正是历史人文因素交织作用的结果，其已成功注册地理标志商标，进一步彰显了其独特魅力和文化价值。

（四）历史性（真实性）

《地理标志产品保护办法》第三条规定："地理标志产品应当具备真实性……真实性是地理标志产品的名称经过长期持续使用，被公众普遍知晓……"

品牌的形成均需历经时间的洗礼，而地理标志作为区域品牌的代表，更需深厚的历史底蕴支撑。事实上，诸多地理标志产品与特定品种已经形成了紧密相连的关系。特定品种的稳定性往往需要历经漫长岁月的培育与筛选。"泰和乌鸡"，据历史记载，其养殖历史可追溯至2000余年之前；"南丰蜜桔"在南丰县的栽培历史也已超过1700年，早在唐朝时期便已成为皇室贡品，据考证，当年进献给唐玄宗与杨贵妃享用的"乳桔"就是"南丰蜜桔"。

当然，地理标志的历史悠久性并非一概而论，需视具体情况而定。以安徽省的"祁门红茶"为例，其虽非拥有千年历史之茶品，却源于清末时期，自江西修水县引进宁红茶（"修水宁红茶"同为地理标志产品）之生产技术，至今仅历经百余年发展。同样，江西省东乡县的"东乡绿壳蛋鸡"，其品种之培育亦不过数十载。因此，地理标志的历史性要求虽非绝对严苛，但需依托明确的史志资料、统计年鉴及相关典籍记载，以确保其历史渊源之真实性与可追溯性。

三、地理标志的保护期限

地理标志是否存在保护期限是一个经常被提及的议题。在欧盟体系中，对于地理标志产品的保护并未设定明确的期限，但设有注销机制。具体而言，若某产品不再满足既定的保护标准，或是该产品在市场上连续七年未有销售记录，则其地理标志将被注销。而对于那些采用商标法来保护地理标志的国家，则需遵循商标法的相关规定进行续展，若未能及时续展，则该地理标志将失去保护。值得注意的是，中国的地理标志保护期限与上述情况有所不同，具体如表 1-1 所示。

表 1-1 我国地理标志的保护期限

地理标志类型	保护期限	退出机制
地理标志产品	无	符合六种情形可以被撤销
地理标志商标	10 年	可能被注销或被申请撤销

（一）地理标志产品的保护期限

《地理标志产品保护办法》没有对地理标志产品的保护期限做具体规定，但是规定了撤销程序。《地理标志产品保护办法》第二十七条规定："有下列情形之一，自国家知识产权局发布认定公告之日起，任何单位或者个人可以请求国家知识产权局撤销地理标志产品保护，说明理由，并附具有关证据材料：（一）产品名称演变为通用名称的；（二）连续 3 年未在生产销售中使用地理标志产品名称的；（三）自然因素或者人文因素的改变致使地理标志产品质量特色不再能够得到保证，且难以恢复的；（四）产品或者产品名称违反法律、违背公序良俗或者妨害公共利益的；（五）产品或者特定工艺违反安全、卫生、环保要求，对环境、生态、资源可能产生危害的；（六）以欺骗手段或者其他不正当手段取得保护的。"存在以上六种情形之一的任何人都可以向国家知识产权局提出撤销地理标志产品的保护。

（二）地理标志商标的保护期限

《商标法》第四十条规定："注册商标有效期满，需要继续使用的，商标注册人应当在期满前十二个月内按照规定办理续展手续；在此期间未能办理的，可以给予六个月的宽展期。每次续展注册的有效期为十年，自该商标上一届有效期满次日起计算。期满未办理续展手续的，注销其注册商标。"《集体商标、证明商标注册和管理规定》第二十六条规定："注册人怠于行使权利导致集体商标、证明商标成为核定使用的商品的通用名称或者没有正当理由连续 3 年不使用的，任何人可以根据商标法第四十九条申请撤销该注册商标。"

根据上述规定，作为地理标志注册的集体商标或证明商标，存在被注销和面临撤销申请两种潜在风险。鉴于过往历史中存在众多以地理标志注册的集体商标、证明商标因未能按时履行续展手续，或商标所核定使用的商品通用名称在无正当理由的情况下连续 3 年未得到实际使用，从而被注销或撤销的实例，权利持有人必须严格遵循相关法律法规要求，确保及时完成商标的续展程序，并维持商标的正常、合理及有效使用，以规避可能产生的不必要损失。

第二节　地理标志保护制度

一、地理标志制度的源起

地理标志制度的历史渊源可追溯至法国葡萄酒产地的保护制度，其国际保护体系的纳入始于 1883 年的《保护工业产权巴黎公约》（简称《巴黎公约》）。此后，该制度历经了《商标国际注册马德里协定》（简称《马德里协定》）及《保护原产地名称及其国际注册里斯本协定》（简称《里斯本协定》）等国际条约的持续修订与完善。1994年缔结的《TRIPs协定》首次明确界定了地理标志的含义，详尽阐述了其法律特性及构成要件，并清晰区分了原产地名称与货源标记这两个概念（见表1-2）。

表1-2　国际公约有关地理标志保护的规定

条约名称	签订时间	名称	备注
《巴黎公约》	1883年	货源标记、原产地名称	首次将地理标志概念区分出来
《马德里协定》	1891年	货源标记	主要保护货源标记
《里斯本协定》	1958年	原产地名称	为原产地名称提供了严格的强强保护
《TRIPs协定》	1994年	地理标志	建立了全球性的地理标志保护体系

（一）《巴黎公约》

大航海时代极大地推动了国际贸易的繁荣，促使某些源自特定区域的产品凭借自身独特品质在国际市场上脱颖而出，备受青睐。优质产品的热销吸引了大量生产者的加入，进而催生了具有地方特色的产品，这些产品因其卓越的质量和声誉，逐渐发展成为区域性的产品品牌，赢得了消费者的喜爱与信赖。然而，在市场环境尚不健全的时代，难免会有不法之徒将非原产地的产品冒充为某地的特色产品进行销售，以谋取不正当利益。这种行为不仅损害了原产区生产者的合法权益，也对消费者构成了欺诈，破坏了市场的公平竞争秩序。

为应对这一问题，世界上第一部专门保护知识产权的国际公约《巴黎公约》在其第一条第二款中首次采用了"货源标记"（Indication of Source）

和"原产地名称"（Appellation of Origin）的描述，即"工业产权的保护对象有专利、实用新型、外观设计、商标、服务标记、厂商名称、货源标记或原产地名称和制止不正当竞争"。《巴黎公约》没有对货源标记和原产地名称的具体含义和范围进行解释，但它将货源标记、原产地名称与专利、商标等知识产权并列，首次将地理标志与其他知识产权进行明确的区分，使之有了独立的产权地位。因此，可以说，国际上地理标志的概念和保护都是在《巴黎公约》的基础上建立、发展起来的。

货源标记或原产地名称标注在产品上的，不仅指明了产品的地理来源，更是一种品质保证，便于相关机构对这类承载商业信誉的产品实施有效保护。

（二）《马德里协定》

1891年，部分《巴黎公约》成员国共同签署了制止商品产地虚假或欺骗性标记的《马德里协定》。该协定作为《巴黎公约》框架下针对虚假或欺骗性产地标识问题制定的专项多边协议，显著增强了地理标志的保护力度，其中，"货源标记"概念在该协定中得到了最广泛的运用。

该协定第一条第一款隐含地定义了货源标记的含义，即当商品带有虚假或欺骗性标志，且该标志直接或间接地将商品的原产国或原产地标识为《马德里协定》适用国家之一或其内部某地区时，相关国家应在进口环节对此类商品实施扣押措施。由此可以推断，货源标记系指用以表明商品来源国或来源地（即一个国家或国家内特定地区）的标识。世界知识产权组织认为，《马德里协定》明确了货源标记的核心意义，其核心在于产品的地理来源，而非产品的质量、信誉等其他因素。因此，《马德里协定》项下的货源标记侧重于商品的地理出处，不涉及商品与生产者之间的特定关系，亦不要求商品的质量特征必须源自其标记的地理环境。

以湖南郴州永兴县的地理标志产品"永兴冰糖橙"为例，当地人士指出，相较于麻阳县出产的冰糖橙，永兴县所产的冰糖橙在品质上更为优越，价格也因此偏高。在此情境下，冰糖橙的产地标记永兴县或麻阳县便成了区分产品品质的一个重要标志。

（三）《里斯本协定》

《巴黎公约》自1925年修订以来，首次引入了原产地名称的术语，但彼时并未对该术语提供详尽的阐释。直至1958年《里斯本协定》问世，作为《巴黎公约》体系内首部专注于原产地名称保护的国际协议，它标志着地理标志国际保护合作的新篇章。《里斯本协定》不仅为原产地名称提供了明确的定义，还从实体与程序两方面制定了详尽的保护措施。具体而言，《里斯本协定》第二条第一款规定："在本协定框架下，原产地名称系指用以标识产品源自特定国家、地区或地方之地理名称，且该产品的品质或特性全然或主要归因于该地的地理环境，此地理环境涵盖自然及人为因素。"据此定义，原产地名称呈现三大显著特性：其一，它必须是对某一国家、地区或地方的具体地理称谓，具有明确的地理描述或指向功能；其二，使用该原产地名称的产品必须确实源自其标示的地理区域；其三，该产品的品质与特性需全然或主要依赖于其产地的地理环境，包括自然与人文双重环境因素。

对比原产地名称与货源标记的概念，二者存在显著区别。货源标记作为商品来源国或地区的标识，可以是地理名称，亦可为其他特定标识或象征性替代物；原产地名称则严格限定为地理名称，明确指向某一具体的国家、地区或地方。原产地名称的定义内在地承认了产品产地地理环境与产品质量之间的紧密联系，这种联系涵盖了自然与人文双重地理环境，而货源标记则不具备此等内涵。

（四）《TRIPs 协定》

将地理标志作为法律术语并对其定义作出明确解释的是 1994 年世界贸易组织（WTO）通过的《TRIPs 协定》。该协定第二十二条规定："就本协定而言，'地理标识'指识别一货物来源于一成员领土或该领土内一地区或地方的标识，该货物的特定质量、声誉或其他特性主要归因于其地理来源。"《TRIPs 协定》在原产地名称的基础上定义了地理标志的概念，借鉴了《里斯本协定》中原产地名称的定义，但它定义的地理标志与原产地名称有着明显区别：第一，原产地名称只能是一个指向某具体国家、地区或地方的名称或称谓，即原产地名称必须是一个地名；而地理标志是一种标识，它可以不是国家、地区或地方的名称，可采用图案、包装等其他表现形式，只要其用于商品上能够将商品与特定的地理区域联系起来，就能够称其为地理标志。第二，《里斯本协定》中的原产地名称适用于产品（product），而《TRIPs 协定》中的地理标志适用于商品（goods）。第三，《里斯本协定》中规定原产地名称使用的产品，其"质量和特征"都源于产地的地理环境，而《TRIPs 协定》增加了"声誉"要素。第四，原产地名称要求产品的质量、特征"完全或主要取决于地理环境，包括自然和人为因素"，地理标志仅规定商品的特定质量、声誉或其他特征"主要归因于其地理来源"，没有对自然、人文因素进行区分与强调。第五，在产品与地理来源的关系上，《里斯本协定》要求产品的质量和特征必须"完全或主要归因于"其地理环境，而《TRIPs 协定》要求产品的特定质量、声誉或其他特征"主要归因于"其来源。

《TRIPs 协定》中的地理标志保护条款是欧盟为首的传统资本主义国家和以美国为代表的新兴资本主义国家利益斗争和谈判妥协的结果，最终建立了适用于所有缔约国的地理标志最低保护标准，同时要求 WTO 各成员为葡萄酒和烈性酒地理标志提供额外的保护。与此前的国际条约相比，

《TRIPs 协定》以其全球范围的广度和强制性的约束力大大推进了地理标志保护的国际化程度。

知识拓展

在保护程度上，此前的《巴黎公约》《马德里协定》和《里斯本协定》都对地理标志提供了平等一致的保护，并且不断提高保护水平；但是《TRIPs 协定》根据产品的种类提供的是有差别的保护，其总体的保护水平低于《里斯本协定》。例如，《TRIPs 协定》在适用于所有商品之地理标识的保护范围当中，没有规定禁止使用附加"类""式""样""仿"字样或类似的名称，但在葡萄酒和烈性酒地理标志的保护规定中有该禁止性规定。从某种程度上说，这是对地理标志保护的倒退，体现了国际上地理标志领域利益斗争的复杂性。在乌拉圭回合《TRIPs 协定》谈判中，发达国家间就地理标志的保护出现了重大分歧：欧盟为代表的传统资本主义国家主张《TRIPs 协定》继续采用《里斯本协定》的保护模式，只要地理标志的使用行为构成不正当竞争就给予保护；以美国为代表的新兴资本主义国家坚持《巴黎公约》的保护模式，必须以构成欺诈，即误导公众作为保护的必要条件。双方谈判妥协的结果就是《TRIPs 协定》最终呈现的差别保护的模式——对所有地理标志的一般保护（《巴黎公约》式保护）和对葡萄酒、烈性酒地理标志的强保护（《里斯本协定》式保护）。一方面，《TRIPs 协定》第二十二条为所有地理标志提供了《巴黎公约》式的一般保护，其第二款规定："在地理标志方面，各成员应为有利益关系的各方提供法律手段以阻止：(a) 用任何方式在标示和说明某一货物时指示或暗示该有关货物来源于一个非其真实原产地的地理区域，从而在该货物的地理来源方面误导公众；(b) 任何构成《巴黎公约》

（1967）第十条之二意义下不公平竞争行为的使用。"此条款赋予地理标志的权利范围限于禁止他人使用地理标志而不能就使用作出授权许可，是一种消极的权利，它提供了两种保护地理标志的途径：一是从保护消费者利益的角度，防止误导性标记使用；二是从反不正当竞争的角度，防止构成不正当竞争的使用行为。另一方面，在《TRIPs协定》谈判过程中，以欧盟国家为主的一些葡萄酒生产国一直强烈要求对葡萄酒和烈性酒地理标志提供更高水平的保护，在谈判即将结束之际，这些国家的要求被接受。《TRIPs协定》第二十三条第一款规定："每个成员应为有利害关系的各方提供法律手段防止把识别葡萄酒的地理标志用于不是产于该地理标志所表明的地方葡萄酒，或把识别烈酒的地理标志用于不是产于该地理标记所表明地方的烈酒，即使对货物的真实原产地已有说明，或该地理标记是经翻译后使用的，或伴有'种类''类型''特色''仿制'或类似表述方式。"此条款取自《里斯本协定》第三条，但后者适用于所有的地理标志，而《TRIPs协定》第二十三条仅适用于葡萄酒和烈性酒地理标志。《TRIPs协定》作为《里斯本协定》之后的国际条约，其条款适用范围却窄于《里斯本协定》中的相应条款，在国际知识产权保护发展历史上是比较少见的。《TRIPs协定》第二十三条第二款规定："对包含识别葡萄酒的地理标志的葡萄酒或包含识别烈酒的地理标记的烈酒，对其商标注册成员应依职权予以拒绝或废止，如果该成员的立法允许或有利害关系的一方针对不是来源于该产地的葡萄酒或烈酒提出要求。"以上两个条款均不要求证明对标记的使用行为构成不正当竞争行为或者对公众的误导，只需要证明使用地理标志的葡萄酒或者烈性酒并非来源于地理标志指向的地理区域即可。与第二十二条相比，它是一种自动的、客观的保护，是对葡萄酒和烈性酒地理标志提供的更强的、额外的保护。

二、地理标志的不同保护制度

世界上最著名的地理标志大多聚集在欧洲，这一地区食品和葡萄酒的生产文化是人类历经数百年乃至上千年的土地互动实践逐步积淀而成的。相比之下，美国、澳大利亚等新兴资本主义国家在这一领域缺乏相应的历史积累。在欧洲，国家普遍对地理标志实施严格的保护措施，然而，这种保护理念并未得到美国为代表的新兴资本主义国家的广泛认可。以法国、意大利为代表的欧盟国家更倾向于采用传统、家庭化、小规模的经济发展模式，而新兴资本主义国家则倾向于采用大规模集约化、工业化的产业发展模式。

葡萄酒行业中，新旧生产模式之争的一个典型案例发生在1976年的法国巴黎。当时，9位权威的葡萄酒品酒专家进行了盲品评选，结果判定美国加州的葡萄酒在品质上优于法国的勃艮第和波尔多葡萄酒，这一事件被称为"巴黎审判"。

在国际上，地理标志的保护主要分为两种模式：欧洲专门法保护模式和美国商标法保护模式。前者被视为欧洲中心主义的保护体系，而后者则是以大规模工业化生产为基础的跨国公司中心主义的保护方法。❶

（一）专门法保护模式

欧洲国家具有悠久的农业保护传统与地理标志保护历史。目前，以欧盟为首的80多个国家和地区通过专门立法对地理标志实施保护。

申请欧盟地理标志保护须证明产品满足地理标志"风土"（指产品的地理来源与其质量或属性之间存在的因果关系）的条件及欧盟制定的产品

---

❶ 胡晓云，万琰. 简论欧美国家的地理标志产品保护模式 [J]. 中国食品安全杂志，2024（6）：82-89.

规范。申请者在产品规范中要详尽说明产品的所有特性、生产方法、生产过程和生产的地理区域等。在地理标志注册通过后，这些将成为使用地理标志名称的法定条件。

在地理标志的使用保护层面，申请方需要指定具有特定资质的第三方检查机构监管产品品质，并负责整个供应链的认证和检查。欧盟各成员国要指定执行官方控制的主管职权部门，验证产品是否符合相应的产品规格，监督地理标志在市场上的使用是否符合法律规定并处理滥用、模仿和误导性使用等问题，核实地理标志产品是否符合质量计划的法律要求。考虑到欧洲式保护模式下地理标志的审核、批准及标准的制定均由国家行政机关掌握，不少人士认为欧洲式专门法地理标志保护模式具有明显的公权属性。

欧洲专门法保护模式属于非排他性的知识产权保护模式。地理标志作为集体性标记，其使用权被赋予指定生产区域内所有符合产品规范的生产者，即使他们不是最初申请地理标志注册的协会成员。

（二）商标法保护模式

美国的商标法保护模式与欧盟的专门法保护模式在立法体系上存在显著差异。美国将地理标志纳入商标范畴，其法律保护遵循商标相关的法律规定。具体而言，美国通过普通商标、集体商标或证明商标的形式为地理标志提供法律保护。与地理标志专门法模式的保护申请标准相比，以美国为代表的商标法保护模式在注册地理标志的条件上显得更为宽松。

三、我国地理标志制度介绍

自 1985 年我国正式加入《巴黎公约》以来，地理标志正式纳入我国法律调整范畴。1986 年 11 月 6 日，国家工商行政管理总局商标局在《就县级以上行政区划名称做商标等问题的复函》中明确指出，不得将县级以上行政区划名称作为商标使用，其重要原因之一在于此举与保护原产地名称存在冲突。然而，该复函虽提及了原产地名称，却未对其具体含义进行界定。

1999年7月30日，国家质量技术监督局通过《原产地域产品保护规定》。2001年3月5日，国家出入境检验检疫局发布《原产地标记管理规定》。至2005年，国家质量监督检验检疫总局以第78号令发布了《地理标志产品保护规定》，该规定不仅废止了《原产地域产品保护规定》，还明确指出，若《原产地标记管理规定实施办法》中关于地理标志的内容与《地理标志产品保护规定》存在不一致之处，则以《地理标志产品保护规定》为准。2024年1月2日，国家知识产权局进一步发布了《地理标志产品保护办法》。

在商标领域，1994年12月30日，国家工商行政管理总局发布了《集体商标、证明商标注册和管理办法》，首次将证明商品或服务原产地的标志纳入商标法律保护的范畴。自1995年3月1日起，我国开始接受地理标志的注册申请。同年6月，"库尔勒香梨"向国家工商行政管理局商标局提交了注册证明商标的申请。2001年修订的《商标法》中更是增加了关于地理标志的条款，并给出了明确的定义。2003年4月17日，国家工商行政管理总局以第6号令发布了新的《集体商标、证明商标注册和管理办法》，详细规定了地理标志申请集体商标或证明商标的主体、注册程序等相关事项。而到了2024年1月2日，国家知识产权局又发布了《集体商标、证明商标注册和管理规定》。

在农业领域，2002年修订的《中华人民共和国农业法》第二十三条强调，国家支持建立健全优质农产品认证和标志制度，符合国家规定标准的优质农产品及符合规定产地及生产规范要求的农产品均可依法申请使用相关标志或农产品地理标志。2004年，国家工商行政管理总局与农业部联合发布《关于加强农产品地理标志保护与商标注册工作的通知》，明确了地理标志与商标作为知识产权法律制度的重要组成部分，提出了两部门协同加强保护与注册的具体程序及系统运作模式。2007年12月25日，农业部发布《农产品地理标志管理办法》。2022年11月17日，农业农村部发布第623号公告，宣布废止《农产品地理标志登记程序》。

此外，在国际合作方面，2020年9月14日，中华人民共和国商务部部长钟山与德国驻华大使葛策、欧盟驻华大使郁白共同签署了《中华人民共和国政府与欧洲联盟地理标志保护与合作协定》。该协定历经8年谈判，于2019年年底达成，主要规定了地理标志的保护规则及互认清单等内容，涵盖了酒类、茶叶、农产品、食品等多个领域，共纳入双方各275个地理标志。

地理标志的保护机制因各国及地区的历史文化积淀，以及传统生产模式与工业化模式的互动而呈现出多样化的特征。从全球视角来看，并无一种普遍适用的最佳地理标志保护模式。鉴于我国拥有悠久的农业文明背景及作为全球制造业领先大国的国情，我国当前在地理标志保护方面采取了商标法保护与专门保护并行的制度模式。此"混合式"保护模式的优势在于能够依据地理标志的具体特性和需求，选择最为适宜的保护手段。具体而言，商标法保护模式为地理标志赋予了更广泛的市场认同度和品牌效应，有助于提升地理标志产品的市场知名度和竞争力；而专门保护模式则侧重于深入挖掘和保护地理标志的地域特色与文化内涵，对促进地方优秀传统文化的传承与发展具有重要意义。"混合式"保护模式既体现了我国对国际规则的尊重与借鉴，又彰显了中国特色与创新精神。此模式的成功实践不仅为我国地理标志产品的保护与发展提供了坚实保障，也为全球地理标志保护事业提供了有益的借鉴与参考。

第二章 如何申请地理标志

地理标志与商标、专利等知识产权类似，需通过正式申请程序才能获得保护。本章具体介绍申请地理标志的条件、申请文件的撰写等内容，重点介绍申请地理标志时涉及的几个核心问题。

第一节 申请地理标志的条件

前文已述，当前阶段，我国采用两种并行的地理标志保护模式，每种模式均伴随其独特的申请流程。《地理标志产品保护办法》中，此流程被明确为"申报地理标志产品保护"，而《集体商标、证明商标注册和管理规定》则相应地被命名为申请商标注册。为便于阐述，后续将这两种流程统称为"申请"。值得注意的是，每种模式均对申请主体及其所需的条件等作出了具体且明确的规定。

一、申请地理标志的主体

根据我国相关法律法规的规定，专利申请不受身份限制，无论是单位还是个人，包括未成年人，均具备申请专利的资格。然而，在商标注册方面，现行制度仅对个人申请进行了限制，其他如个体工商户、团体、企业及农民专业合作社、家庭农场等各类组织，均可依照既定程序进行注册申请。以下具体阐述《地理标志产品保护办法》和《集体商标、证明商标注册和管理规定》对可申请地理标志的主体的规定。

（一）相关规定

《地理标志产品保护办法》第九条规定："地理标志产品保护申请，由提出产地范围的县级以上人民政府或者其指定的具有代表性的社会团体、保护申请机构（以下简称申请人）提出。"《集体商标、证明商标的注册和管理规定》第三条第二款规定："申请以地理标志作为集体商标注册的团体、协会或者其他组织，其成员应当来自该地理标志标示的地区范围内。"

1. 申请主体

根据以上规定，地理标志产品只有如下几个主体可以申请：人民政府和人民政府指定的社会团体及机构；地理标志商标的申请主体为该地理标志标示的地区范围内的团体、协会或者其他组织。

2. 对申请主体的特别要求

并非所有团体或协会都可作为地理标志的申请主体。根据相关规定，针对申请地理标志证明商标的情形，申请主体必须具备监督并保障该地理标志商品特定品质的能力方可提出申请。

3. 申请主体必须获得政府的批准

《集体商标、证明商标的注册和管理规定》第五条："申请以地理标志作为证明商标、集体商标注册的，应当附送管辖该地理标志所标示地区的县级以上人民政府或者主管部门的批准文件。"

综上所述，对于两种地理标志的申请，均要求申请主体必须获得县级及以上政府的批准或授权，这通常涉及提交书面的批准文件或授权书作为依据。值得注意的是，这些批准文件并未设定统一的标准格式，因此在实践中，各申请主体所提交的批准文件形式各异。然而，其核心内容必须明确体现政府对该主体作为地理标志申请主体的同意与认可。在申请过程中，若存在批准文件不符合要求的情况，申请人需根据反馈意见重新准备并提交相关文件，以确保申请流程顺利进行。

（二）企业是否可以申请地理标志

关于公司、合作社能否作为地理标志商标的申请人，国家知识产权局商标局已给出明确回应，即此类实体不具备申请资格。这一规定源于地理标志作为区域公共资源的本质属性。根据相关规定，以地理标志注册集体商标、证明商标的注册人需为特定类型的组织，即那些不以营利为主要目的的团体、协会或其他组织。这些组织通常具备社会团体法人或事业单位法人的身份，其业务范围需紧密关联所监督使用的地理标志产品，以确保商标的合理使用与管理。

（三）申请主体是否可以变更

地理标志作为重要的知识产权，近年来逐渐受到投资机构的关注与青睐。鉴于其独特的商业价值与市场潜力，投资机构表现出强烈的意愿，希望将地理标志的权属转移至自身名下。在此背景下，投资机构提出了一个关键性的问题：地理标志的权利主体是否具备变更的可能性？

《集体商标、证明商标注册和管理规定》第十四条规定："申请转让集体商标、证明商标的，受让人应当具备相应的主体资格，并符合商标法、实施条例和本规定的规定。"也就是说地理标志商标是可以转让的，在现实情境中也存在地理标志商标转让的实例。地理标志证明商标"普洱茶"最初是由云南省内某一县级协会所申请的，但随后该商标的所有权被正式转让给了云南省普洱茶协会。类似地，"庐山云雾茶"地理标志证明商标也由九江市庐山区茶叶协会转移至九江市茶叶产业协会。

有报道称"2009年，××市××县政府为复兴'××火腿'品牌，决定对其证明商标进行公开拍卖，随后××公司通过公平竞争，独揽了'××火腿'证明商标的永久使用权"。该报道未经政府官方证实，其真实性尚待考究。依据《集体商标、证明商标注册和管理规定》，地理标志商标虽可转让，但其受让主体的资格条件极为严苛，并且必须获得当地政府的认可。因此在实际操作中，地理标志商标并不存在有多个主体竞标所有权的情况。那么报道中提及的"独家使用权"拍卖的情况是否存在呢？对于以地理标志注册的集体商标、证明商标的使用权，其归属应严格遵循相关使用管理规则，只有符合特定条件的企业才有资格获得使用许可，管理人在这一过程中没有自由裁量权，不能将地理标志商标独家授权给单一企业。换言之，符合条件的企业均有权向管理人申请使用许可，若申请被拒绝，企业可依法提起诉讼。

二、作为申请主体的协会如何组建

在此，我们需对前述关于何种"主体"具备申请地理标志资格的内容进行严谨的阐述。首先，需明确的是，地理标志产品及地理标志商标均认可协会作为合法的申请主体。通过对注册数据的深入分析我们不难发现，以协会名义作为申请主体的比例显著占据主导地位。

从法律层面考量，依据《社会团体登记管理条例》的相关规定，遵循既定程序即可合法注册成立协会。然而，值得注意的是，作为地理标志申请主体的协会，其设立与运作需满足一系列特定于该领域的要求，这些要求相较于常规协会而言，更为严格且具有针对性。以下我们将对这类特殊协会的基本要求进行简要概述。

（一）成立的条件

《社会团体登记管理条例》第十条规定："成立社会团体，应当具备下列条件：（一）有50个以上的个人会员或者30个以上的单位会员；个人会员、单位会员混合组成的，会员总数不得少于50个；（二）有规范的名称和相应的组织机构；（三）有固定的住所；（四）有与其业务活动相适应的专职工作人员；（五）有合法的资产和经费来源，全国性的社会团体有10万元以上活动资金，地方性的社会团体和跨行政区域的社会团体有3万元以上活动资金；（六）有独立承担民事责任的能力。"

从实际情况出发，地理标志协会成立所面临的主要挑战在于会员数量的不足，具体表现为难以达到50名会员的门槛，部分协会为了凑足人数，甚至采取了借用企业员工身份证进行登记的不当手段。作为负责申请地理标志的协会，其会员构成若仅限于单一企业的员工将严重缺乏广泛代表性，进而可能导致其在地理标志管理方面的权威性和公信力受到质疑。因此，为了确保协会的广泛代表性和公信力，我们必须积极争取同行业企业的参与和支持，以构建一个多元化、具有广泛代表性的会员基础。

（二）协会组织架构

协会的成立通常需在民政部门登记注册，民政部门会提供一系列格式范本以供参照。申请主体在成立协会的过程中，需确保满足所有法定成立要件。鉴于申请地理标志的协会将承担特定的地理标志管理职能，其组织架构的完善显得尤为重要。各机构应明确划分职责，确保各自管理职能的履行，以保障协会能够正常且有效地执行地理标志管理任务。因此，在注册协会之初应一步到位，构建完整且合理的组织机构。

在构建协会的组织机构时，应确保其与正规组织体系保持一致，与公司组织架构类似，需遵循严谨、稳重的原则设立明确的组织架构和职务分配，并确保各层级、各部门之间的职责明确、相互协作，以推动协会的持续发展。为便于阐述与理解，图2-1将协会的组织架构与公司组织架构进行大致的对应说明。

图 2-1　协会公司组织结构对应关系

分类	议事机构	决策机构	监督机构	法定代表人	主要负责人
一般公司架构	股东大会	董事会	监事会	董事长	总经理
一般协会架构	会员代表大会	常务理事会	监事会	会长	秘书长

1. 会员代表大会

会员代表大会为协会最高权力机构。每年定期召开一次会议，审议并决定协会内部的重大事务。协会内部需要实施的重要事项均须经过会员代表大会的正式表决程序，并在获得通过后方可生效。

特别地，在地理标志管理领域内，所有与地理标志管理相关的规章制度、管理办法等，均必须首先提交至会员代表大会进行审议。这些规章制度只有在经过会员代表大会的严格审议，并获得其表决通过后，方能对协会的会员产生相应的法律效力，从而确保地理标志管理的公正性、透明性和有效性。

2. 常务理事会

常务理事会负责协会的日常运营与决策。鉴于农业类协会在召集会议时成员因各种缘由缺席会议的情况较为普遍，故建议常务理事会保持精简的构成，其成员数量应设定为单数，以便于决策过程中的投票表决。若协会规模适中，常务理事会成员可控制在 5～7 人，以确保高效运作。

常务理事会成员作为协会的核心支柱，其选拔应秉持严谨、慎重的原则。候选人应具备广泛的代表性，拥有出色的经营管理能力，并展现出强烈的公益精神与责任感。这样的成员构成有助于确保常务理事会能够作出符合协会长远利益的决策。

3. 监事会

监事会作为协会的重要监督机构，其设立与运作对于保障协会健康、有序发展至关重要。在协会中，监事会的职能主要体现在对常务理事会及执行机构工作的监督上，确保协会的各项决策和行动符合法律法规、协会章程及会员大会的决议。与公司的监事会类似，协会监事会也秉持着独立、客观、公正的原则，对协会的财务状况、业务活动、管理行为等进行全面监督。监事会成员应具备高度的责任心和良好的职业操守，能够认真履行职责，及时发现并纠正协会运营中的问题和不当行为。

对于规模较小的协会，考虑到成本效益和运营效率，通常设立一名监事即可满足监督需求。这名监事应具备较强的专业素养和监督能力，能够独立完成对协会各项工作的监督任务。同时，协会也应建立健全监事会工作制度，明确监事的职责、权利、义务及监督程序等，为监事会的有效运作提供制度保障。

4. 会长

会长在协会中扮演着类似于公司董事长的角色，是协会的法定代表人，肩负着对协会全面工作的领导职责。在实践中，许多地理标志协会聘请农业领域的退休专家担任会长，他们凭借丰富的经验和深厚的行业背景，为协会的发展贡献智慧与力量。同时，也有部分会长由龙头企业的负责人兼任，他们通过自身的企业运营经验和市场洞察力，为协会的发展注入新的活力和动力。

5. 秘书长

各协会根据行业性质对秘书长角色的定位存在一定差异。部分协会中秘书长的职责与办公室主任相似，主要负责执行日常的行政管理工作；而另一些协会中实行秘书长负责制，由秘书长全权负责并全面主持协会的各项事务。

（三）协会的成立与登记

地理标志协会的成立，不仅能促进地方经济的特色发展，还能增强文化认同感和产品市场竞争力。然而，这一过程并非一帆风顺，尤其是在县级区域，面临着诸多实际操作上的难题。在探讨如何成立协会并完成当地民政部门的登记时，我们先要了解《社会团体登记管理条例》中的具体规定，以及这些规定在实际操作中的应用与挑战。

一是准备向协会所在当地民政部门提交登记所需的材料。《社会团体登记管理条例》第十一条明确规定了成立协会所需提交的一系列文件，包括但不限于：登记申请书、业务主管单位的批准文件、协会章程、发起人和拟任负责人的身份证明、验资报告、办公场所证明、会员名册及代表大会通过的决议等。这些材料是民政部门审核的重要依据，体现了协会的合法性、组织结构和运营基础。对于地理标志保护协会而言，登记申请书中还需附上与地理标志直接相关的证明材料，如历史渊源、产品特色、地域范围界定等，它们是确保协会顺利成立并获得法律保护的关键。二是登记的具体程序。当地民政部门在收到登记申请后，会组织专家进行审查，核实材料的真实性和合法性。审查通过后民政部门会颁发社会团体法人登记证书，标志着协会的正式成立。

在实际操作中，登记程序往往还会因为地区差异、政策变动等因素变地更加复杂。特别是在县级区域，由于资源有限、信息不畅等原因，协会在筹备和申请过程中可能会遇到诸多障碍。比如，对政策理解不透彻导致材料准备不充分，与民政部门的沟通协调不畅导致审核进度缓慢等。针对在县级区域成立协会遇到的障碍，笔者建议采取以下策略进行应对。

（1）加强政策学习。深入研读《社会团体登记管理条例》及相关政策文件，确保对登记要求和程序有清晰的认识。

（2）提前沟通协调。在筹备阶段就主动与当地民政部门取得联系，了解具体要求和可能遇到的问题，争取获得指导和支持。

（3）完善材料准备。严格按照要求准备各项材料，确保真实、完整、有效。对于地理标志保护协会而言，更要注重收集和整理与地理标志相关的证明材料。

（4）寻求专业帮助。如有必要，可聘请专业律师或咨询机构协助完成筹备和申请工作，以提高效率和成功率。

三、可以申请地理标志的产品

申请地理标志保护的产品必须符合严格的标准，数量相对较少。接下来将详细说明哪些产品具备申请地理标志保护的资格。

《地理标志产品保护办法》第二条规定："地理标志产品包括：（一）来自本地区的种植、养殖产品。（二）原材料全部来自本地区或部分来自其他地区，并在本地区按照特定工艺生产和加工的产品。"《集体商标、证明商标的注册和管理规定》第五条第二款规定："以地理标志作为证明商标、集体商标注册的，应当在申请书件中说明下列内容：（一）该地理标志所标示的商品的特定质量、信誉或者其他特征；（二）该商品的特定质量、信誉或者其他特征主要由该地理标志所标示地区的自然因素或者人文因素所决定……"按照上述规定，符合申请地理标志条件的载体，其核心标准可归结为以下四点：需具备独特的品质属性；在市场上需享有良好的声誉；其品质须明显受到产地自然与人文环境的双重塑造；同时，还需具备一定的历史底蕴。

可见，可申请地理标志的产品范围广泛，包括源自种养殖业的初级产品（种植业、畜牧业、渔业领域内未经深加工的原生产品）和经过加工处理的产品。此外，通过注册集体商标或证明商标的方式申请地理标志产品的保护范围更为广泛，它不仅覆盖了各类商品，还延伸到了服务领域。

四、如何挖掘、培育地理标志

（一）如何挖掘地理标志

在处理某地理标志产品申请委托时，笔者发现了一些值得关注的现象。通过商标局官方网站对近似委托产品进行检索，结果显示部分地区存在过度申请地理标志的情况，如常规的辣椒、茄子、黄瓜等均被纳入了申请；更有甚者，将已获得的地理标志进行拆分，并以乡镇为单位再次进行申请。这些现象凸显了某些地方政府在地理标志认知方面的不足与误解。

那么，如何科学地挖掘并申请地理标志呢？以下是几个值得探讨的方法。

（1）深入调研，了解地方历史文化背景。挖掘地方特色地理标志的第一步是深入调研该地区的历史文化背景，包括但不限于地方的自然环境、气候条件、物产资源、传统手工艺、民俗风情等。例如，可以通过查阅历史文献、地方志、口述历史等资料，全面了解该地区的历史沿革、文化积淀和独特之处。笔者曾阅读雍正十年编撰的《江西通志》，该书土产卷记载："金橘，万安县出，金柑差大而味甜，藏蒹豆中，则经时不变。"万安县后来分立出遂川县，遂川县现已正式申请将"遂川金桔"注册为地理标志证明商标。通过查阅古籍资料，探寻并挖掘当地特色农产品的历史记载，尤其是那些已逐渐淡出人们视野的"地方优质产品"，成为有效发掘地理标志的重要途径之一。

（2）注重实地考察，亲身体验地方特色。除了文献调研，实地考察也是挖掘地方特色地理标志不可或缺的一环。我们可以亲自走访当地，组织专家团队深入田间地头，观察作物的生长环境、种植方式及产量品质；与当地农民面对面交流，了解他们的种植经验、传承故事及市场需求，从而更直观地感受地方特色，发现那些隐藏在日常生活与自然环境中的独特元素。

（3）利用现代科技手段，提高挖掘效率与准确性。随着科技的发展，现代科技手段在挖掘地方特色地理标志中也发挥了重要作用。通过遥感技术、大数据分析、地理信息系统等工具，我们可以更精准地定位地方特色资源，分析其分布规律及潜在价值。例如，利用遥感技术获取该地区的自然景观、人文遗迹等图像资料；通过大数据分析游客行为、消费偏好等数据，了解市场需求及潜在增长点；运用地理信息系统将各类信息进行整合展示，形成直观的旅游地图或规划方案等。

（4）加强宣传推广，提升地理标志品牌知名度。挖掘地方特色地理标志的最终目的是保护和传承地方文化、推动地方经济发展。一是，可以通过举办文化节、博览会等活动，展示地方特色产品和文化魅力；二是，利用互联网、社交媒体等新媒体平台，扩大宣传范围和提高传播速度；三是，还可以通过邀请知名人士代言、拍摄宣传片等方式提高品牌知名度和美誉度。

（二）如何培育地理标志

在地理标志的发掘实践中，地方管理机构的关注点往往聚焦于既存的传统产品之上，然而，此类产品的数量终究有限。于是现代人在充分利用当地的自然优势的基础上，巧妙融入人文元素，创制出的产品不仅品质独特，而且能与当地自然及人文因素紧密相连，初步满足了地理标志的部分条件，只是历史积淀尚显不足。此类产品同样值得成为地方精心培育的对象。有先见之明的地方政府已纷纷采取行动，推出包括强化地理标志资源全面普查、加大地理标志品牌培育力度、加强地理标志保护与管理机制，积极开展地理标志的宣传推广等举措，增强当地特色产品的公众认知度，精心培育这些潜在的地理标志产品。

庐山拥有众多步行登山道，其中"好汉坡"路径尤为引人注目。在这条路径的起点隐匿着一处情调满满的民宿，民宿主人以其热情好客著称，尤为推荐的一道地方佳肴——"莲花猪头肉"，更是令人回味无穷。莲花作为江西省九江市濂溪区下辖的一个小镇，其特色美食"莲花猪头肉"早已在当地声名远播，独特的风味与口感，让人一试难忘。只需轻轻在搜索引擎中输入"莲花猪头肉"这一关键词，便能轻松获取到许多官方媒体对其的深入报道。报道中明确指出，"莲花猪头肉"精选当地土猪的猪头，配以山泉水精心调制的卤水腌制而成，其独特的卤制工艺是这道菜美味绝伦的关键所在，足见其作为九江地区标志性地方名菜的非凡影响力。据深入调查，"莲花猪头肉"的独特之处源自当地一位创新者的精妙卤制工艺。此工艺所制猪头肉品质卓越，深受好评，故而得名"莲花猪头肉"。

在竞争激烈的市场环境中，如"莲花猪头肉"般的创新产品层出不穷。令人瞩目的是，该创新者并未选择为其技术申请专利或注册商标，反而慷慨地将制作技巧传授给众人。这种对知识产权的豁达态度，意外地促进了"莲花猪头肉"这一区域品牌的崛起。究其根源，还是在于其卤制配料的精挑细选与独特的卤制方法，使这道菜在周边地区赢得了良好的口碑，逐渐形成了具有地理标志特征的地方名菜。若当地政府能够针对类似"莲花猪头肉"这样的特色产品采取科学合理的培育策略，通过标准化管理其生产加工流程，确保产品质量的稳定性与独特性地持续展现。同时，辅以必要的扶持政策，推动该产业的健康稳定发展，将其打造成为地区内具有标志性的特色产业。再通过积极拓展产品的市场影响力与知名度，采取多元化的宣传报道策略，编纂相关书籍，将产业的相关数据纳入统计年鉴，在地方志等历史文献中详尽记录该产品、产业及其背后的故事与事迹加大宣传，以满足申请地理标志所需的详尽历史记载要求。遵循这一路径，随着时间的推移与产业的不断发展，当达到申请地理标志所需的历史积淀条件时，地方政府即可正式启动"莲花猪头肉"地理标志的申请流程。

第二节　申请文件的准备

地理标志产品与地理标志商标申请所需提交的核心材料颇为相似，以下以证明商标为例，对地理标志申请文件的筹备过程进行详尽的阐述。

一、申请地理标志需要准备哪些材料

申请地理标志是一个复杂而系统的工程，必须细致入微地准备各类申请所需材料。相关规章制度已明确列出详尽的材料清单，以供参考遵循。

（一）申请地理标志产品须递交的文件

《地理标志产品保护办法》第十一条第二款规定："申请材料包括：（一）有关地方人民政府关于划定地理标志产品产地范围的建议；（二）有关地方人民政府关于地理标志产品申请、保护机制的文件；（三）地理标志产品的相关材料，包括：1.地理标志产品保护申请书；2.地理标志产品保护要求，包括产品名称、产品类别；申请人信息；产地范围；产品描述；产品的理化、感官等质量特色、特定声誉或者其他特性及其与产地的自然因素和人文因素之间关系的说明；作为专用标志使用管理机构的地方知识产权管理部门信息；3.产品质量检验检测报告；4.拟申请保护的地理标志产品的技术标准；5.产品名称长期持续使用的文献记载等材料；6.产品的知名度，产品生产、销售情况的说明；7.地理标志产品特色质量检验检测机构信息。（四）其他说明材料或者证明材料。"

根据上述规定，申请地理标志产品之程序，通常需提交以下必要文件资料：

①地理标志产品保护申请书，作为正式申请的起始文件。

②由相关地方政府出具的文件，明确设立申请机构或认定行业协会为合法申请人。

③相关地方政府针对地理标志产品产地范围所作出的明确划定建议。

④产品质量检验检测报告，以验证产品的合规性与品质。

⑤拟申请保护的地理标志产品所需遵循的技术标准，确保产品质量的统一与可控。

⑥产品名称长期且持续使用的历史文献记载，证明其名称的历史渊源与传承。

⑦关于产品知名度的说明，以及产品的生产与销售情况的综合概述，以展现产品的市场影响力与商业价值。

⑧地理标志产品特色质量检验检测机构的详细信息，确保产品特色与质量检测的权威性与专业性。

⑨产品保护要求，明确产品的保护范围、措施与责任，以维护产品的独特性与品质。

⑩关联性证明材料，用于证明申请产品与地理标志之间的紧密联系与相互依存关系。

⑪其他必要材料，根据具体情况进行补充，以确保申请的完整性与准确性。

（二）申请地理标志商标须递交的文件

《集体商标、证明商标注册和管理规定》第三条规定："申请集体商标注册的，应当附送主体资格证明文件、集体成员的名称、地址和使用管理规则。申请以地理标志作为集体商标注册的团体、协会或者其他组织，其成员应当来自该地理标志标示的地区范围内。"第四条规定："申请证明商标注册的，应当附送主体资格证明文件、使用管理规则和证明其具有的或者其委托机构具有的专业技术人员、专业检测设备等情况的证明材料，以表明其具有监督该证明商标所证明的特定商品品质的能力。"

《集体商标、证明商标注册和管理规定》对集体商标与证明商标进行了明确区分，并在材料提交方面制定了较为宽泛的条款。概括而言，需提交的文件主要包括但不限于以下几项：①封面及详尽目录；②正式的商标注册申请书；③针对商标注册申请的代理委托书；④申报主体的法人登记证书；⑤针对地理标志证明商标的使用与管理所制定的规则；⑥关于申请及监督管理人员的官方批复文件；⑦界定证明商标产品保护地域范围的正式决定；⑧委托检验的协议书；⑨检测机构的法人证书及其相关的资质证明材料；⑩对地理标志特定品质及其地域人文背景的详细说明；⑪相关的历史文献资料；⑫其他必要的补充说明及附加材料。

二、如何查阅历史记载

地理标志必须满足一定的历史条件才能申请，然而关于历史年限的具体界定，相关规章制度尚未给出明确的标准。在实际操作中，普遍要求需具备20至30年以上的历史背景。历史记载作为地理标志申请的先决条件，其缺失往往是导致众多产品难以顺利申请的关键。为确定地理标志的历史性，原则上必须提供可查询验证的历史记载。申请人可通过提交县志、农业志、产品志、年鉴、教科书等官方资料，以及正规公开出版的书籍、国家级专业期刊、古籍等文献，来证明其地理标志商品的客观存在及声誉状况。其中，县志、市志、地方统计年鉴等正规出版物，因其可核验性高，通常具有较高的认可度。此外，诗词歌赋、传记、传说、轶事、典故等记载，以及民间流传的与该产品相关的民风、民俗、歌谣、工艺文化、饮食烹饪等信息，名人的评价与文献记录，省级以上名牌产品的历次获奖情况，媒体宣传报道、图片资料等，均可作为辅助性的文献记载，用以丰富和支撑地理标志的历史底蕴。

北京市密云区作为蜂业的重要产区，不仅盛产各类蜂蜜，还专注于中华土蜂的养殖。据传，乾隆皇帝在前往承德避暑山庄的途中，曾在密云停留，并品尝了当地特供的蜂蜜水，十分喜爱。基于蜂蜜的独特色泽，乾隆皇帝亲自赐名"琥珀蜜"，以表彰其卓越品质。若欲将"琥珀蜜"申请为地理标志产品，则需深入探究并核实其历史渊源。遗憾的是，虽然"琥珀蜜"这一名称在宋代文献中已有所记载，但是，针对密云地区所产"琥珀蜜"的具体历史文献，目前尚未找到确凿证据。尽管网络上充斥着各种相关说法，其真实性往往难以验证，这种缺乏可靠来源的网络记载难以作为正式申请地理标志的依据。

历史记录的神圣性在于其不可篡改性，任何伪造的历史记载均无法通过其他渠道验证，更无法获得社会认可。例如，某地区在宣传其地理标志产品时，声称拥有超过600年的辣椒种植历史。然而，辣椒引入中国的时间可追溯至16世纪晚期，至今不过400余年。显然，这一宣传存在明显的历史时间线错误。

三、如何确定地理标志名称

通常情况下，地理标志必须具备一个明确的名称。关于这一名称的具体界定，在国外存在较为严格的法律规定。我国同样有相关的规范制度，以确保地理标志名称的合法性和准确性。

（一）相关规定及实例分析

1. 关于地理标志命名的规定

《地理标志产品保护规定实施细则（暂行）》第六条规定："地理标志产品名称由地理名称和反映产品真实属性的通用产品名称构成。产品名称必须真实存在。"《集体商标、证明商标注册和管理规定》第七条规定：

"以地理标志作为证明商标、集体商标注册的，可以是该地理标志标示地区的名称，也可以是能够标示某商品来源于该地区的其他标志。前款所称地区无须与该地区的现行行政区划名称、范围完全一致。"

从上述规定可以看出，地理标志的命名原则明确为：需由地理区域名称与产品通用名称共同组成，普遍遵循地名与产品名相结合的原则。以"南丰蜜桔"这一地理标志产品为例，其中"南丰"代表县名，而"蜜桔"则指代产品的名称。相较于地理标志产品的命名方式，地理标志商标的命名则显得更为灵活。它既可以采用该地理标志所标示地区的名称，也可以选用能够明确指示某商品源自该地区的其他可视化标志。在"南丰蜜橘"申请地理标志商标的案例中，其采用了图形作为主要标识，而文字部分则仅包含"南丰"二字，这一做法充分体现了地理标志商标命名的灵活性与多样性。

2. 地理标志商标命名分析

地理标志商标的命名方式涵盖了直接名称与间接名称两种形式，其命名模式并非严格遵循"地名+产品名"的固定组合。以下对具体实例进行分析。

国家知识产权局发布的2023年度报告显示，截至2023年12月31日，中国已成功注册地理标志集体商标与证明商标共计7277件，其中江西省贡献了140件。对江西省的这140件地理标志商标进行分析，发现其命名方式主要可划分为以下三大类：

（1）地名与产品名称结合。例如，"石城白莲"与"遂川金桔"，前者"石城"为江西省某县名，"白莲"为产品；后者"遂川"同为江西省县名，"金桔"为产品，此类命名方式直观展现了产品的地域特色。

（2）单纯使用地名。例如，"景德镇""安福""南丰"，均直接采用了江西省内的地名作为商标名称，简洁明了地指出了产品的地理来源。

（3）地域名、工艺与产品名三者融合。此类命名方式较为特殊，如"兴国倒蒸红薯干"，其中"兴国"为地域名，"倒蒸"为独特工艺，"红薯干"为产品，三者结合既体现了地域特色，又突出了产品的独特制作工艺。

地理标志商标作为商标的一种，其表现形式具有多样性，可以是文字、图形或多元素组合。因此，尽管地名加产品名的命名方式占据绝大多数，但商标名称也可能仅包含地名或产品名，甚至完全由图形构成。

（二）地理标志名称命名原则

1. 名称要尊重历史

地理标志名称的确定应当遵循严格而明确的原则，不得随意选定，需基于深厚的历史渊源与广泛的公众认可度，以确保其真实性及可验证性，并能在相关文献资料中得以追溯。

以江西遂川县汤湖镇狗牯脑山所产的茶叶为例，其独特的地理标识被赋予了"狗牯脑"之名，并作为地理标志证明商标沿用至今。尽管这一名称在普通公众中可能相对陌生，但在茶产业领域却享有极高的声誉与辨识度。若依据常规命名逻辑将其简化为"遂川茶"，则可能淡化其独特的品牌特色，进而引发行业内外人士的混淆与误解。

另一个例子涉及江西某县内一大型水库旁的移民村，该村凭借移民引入的橘子树与优越的自然条件，成功培育出了品质上乘的橘子。在销往省会的过程中，这些橘子起初多以"某某村橘子"为宣传名称。然而，为提升产品知名度并有效保护地理标志，该县决定申请以县名命名的"某县蜜橘"作为地理标志商标。此举初衷在于强化地域特色，但实际效果却导致本地居民及消费者对这一新名称的陌生感增加，进而在一定程度上削弱了地理标志所承载的历史品牌效应。

2. 地理标志名称中的地名

地理标志产品的命名应当严格遵循地名与产品名相结合的规范原则。在此过程中，所涉地名需依据历史传承与沿革，充分尊重其固有的历史称谓及俗称，严禁在申报登记环节进行任何人为的调整或虚构。地名既可以是当前广泛使用的名称，也可以是具有历史意义、传承至今的名称；其范围可覆盖县级行政区划名称，亦可深入乡镇或村级单位名称，如地理标志证明商标"双井绿"中的"双井"，即明确指向北宋著名文人黄庭坚故居所在的村庄。

此外，命名中亦可融入山、河、湖等自然地理实体的名称，以体现产品的地域特色，如"庐山云雾茶"中的"庐山"明确指代了一座著名的山岳，"军山湖大闸蟹"中的"军山湖"则特指位于江西进贤县内的一处湖泊。同时，那些具备明确位置指向性的其他名称，如桥梁名称等，亦可用于命名之中，如"涝河桥羊肉"中的"涝河桥"，即是一座具有明确地理位置的桥梁名称。

3. 地理标志产品名称怎么定

对地理标志产品的命名应遵循一定的规范与原则。对于茶叶类产品而言，命名方式多种多样，但均旨在准确反映产品的特性与地域特色。具体而言，有直接以"茶"命名的，如"浮梁茶"，简洁明了；有以茶叶种类加地域命名的，如"婺源绿茶""靖安白茶"及"缙云黄茶"，此类命名方式既明确了茶叶的种类，又突出了产地特色；亦有以特定环境或条件命名的，如"崇义高山茶"，强调了茶叶的生长环境。值得注意的是，部分产品名称可能包含消费者不易直接理解的元素，如"都昌苏山白"。在此例中，"苏山"为乡镇名称，而"白"则指代白茶种类。此类命名虽富含地域与文化内涵，但也可能对消费者的理解造成一定障碍。

因此，在地理标志产品的命名原则上，应优先考虑历史形成的名称，尊重并传承传统命名方式。这不仅有助于保持产品的历史底蕴与文化特色，也能在一定程度上减少消费者的认知障碍。同时，应避免随意自行命名，以确保产品名称的规范性与准确性。

（三）地理标志取名障碍

在地理标志的申请过程中，常因名称问题遭遇诸多挑战，其中不乏与既有注册商标名称冲突或缺乏历史文献支持的情况。据安徽黄山市相关部门透露，该市歙县所产的"滴水香"茶在申请地理标志产品时，被告知仅作为品种名称，不符合地理标志产品的命名要求，因此需更名为"歙县绿茶"。鉴于黄山市已拥有著名的"黄山毛尖"地理标志茶产品，采用"歙县绿茶"作为新申请名称难以凸显该茶品的独特之处，且非历史沿用之名。

相比之下，以地理标志注册集体商标或证明商标时，对名称的选取较为灵活，主要依据为是否具备历史文献的明确记载。若相关资料能详尽记载"滴水香"的产量、品质等信息，则"滴水香"可作为地理标志集体商标或证明商标的名称进行注册。

（四）关于历史名称选择的严谨考量

在历史的长河中，众多事物皆经历了名称的变迁，传统产品名称亦不例外。以江西省修水县为例，其建县历史悠久，古时曾名艾县，后又改称宁州，相当于现今地级市之地位。宁州自清朝道光年间便以红茶闻名，乃中国工夫红茶之发源地，该茶初名"宁州工夫红茶"，后简称"宁红"，并申报为地理标志产品，名为"修水宁红茶"。同样，广东茂名市化州市所产之"化橘红"，亦偶有"化州化橘红"之称谓。再如"庐山云雾茶"，在清朝《江西通志》中记载为"宁茶"。

面对产品拥有多个名称且均有历史记载之现状，选择恰当名称显得尤为重要。以化州市为例，其已将"化橘红"与"化州化橘红"注册为地理标志商标。从名称构成分析，"化州化橘红"中"化州"为地名，"化橘红"则易被视作产品名称。若选用"化州化橘红"，则"化橘红"可能沦为通用名称，故"化橘红"作为选择更为合理。反观修水县之"宁红"，因早期已被注册为普通商标，导致无法再以地理标志商标形式注册。鉴于此，修水县可考虑注册"宁州工夫红茶"作为替代。

综上所述，在选择产品名称时应综合考虑历史沿革、名称含义、商标注册情况及市场认知度等因素，以确保所选名称既符合历史传承，又能有效保护产品品牌。

四、如何确定地理标志的保护范围

（一）相关规定及实务做法

1. 相关规定

《地理标志产品保护办法》第十条规定："申请保护的产品产地在县域范围内的，由县级以上人民政府提出产地范围的建议；跨县域范围的，由共同的上级地方人民政府提出产地范围的建议；跨地市范围的，由有关省级人民政府提出产地范围的建议；跨省域范围的，由有关省级人民政府共同提出产地范围的建议。"《集体商标、证明商标的注册和管理规定》第五条规定："申请以地理标志作为证明商标、集体商标注册的，应当附送管辖该地理标志所标示地区的县级以上人民政府或者主管部门的批准文件……（三）该地理标志所标示的地区的范围。"

2. 实务中的常规操作

在实际操作中，相关机构对地理标志产品及地理标志商标所划定的保护范围，往往采取较为保守的策略。以地理标志产品"庐山云雾茶"为例，在最初申请时，专家建议仅将庐山海拔 800 米以上区域划定为保护范围。然而，鉴于该海拔区域茶园面积有限，仅有几百亩，为扩大保护范围，最终决定将计划经济时代统购统销"庐山云雾茶"的产区也纳入保护区范畴。这一区域覆盖了九江市的庐山风景区，庐山区（现已更名为濂溪区）的海会镇、威家镇、虞家河乡、莲花镇、五里乡、赛阳镇、姑塘镇、新港镇，星子县（现已更名为庐山市）的东牯山林场、温泉镇、白鹿镇，以及九江县（现已更名为柴桑区）的岷山乡现辖行政区域。但受庐山风景区保护政策的限制，"庐山云雾茶"的种植面积依然有限，导致产量不高，在市场上仍较为稀缺，消费者难以轻易购买到。

（二）保护范围之争

地理标志具备明确的地域性特征，在申请地理标志时，必须精确界定其保护的地域范围。部分产品因在申请地理标志产品时，未能清晰界定保护范围而被要求补充材料，以明确具体的保护地域。若某产品未纳入保护范围，则无权使用相关地理标志。特别是对于那些传统产区，若被排除在保护范围之外，不仅无法继续使用该地理标志，甚至可能连名称都无法再行使用，这对保护区范围外的产品将造成重大影响，并可能引发争议。"祁门红茶"便是地理标志保护范围争议中的一个典型案例。

1. "祁门红茶"保护范围之争

2004 年 9 月 28 日，安徽省祁门县祁门红茶协会正式向国家工商行政管理总局商标局提交了"祁门红茶"证明商标的注册申请。在初审公告期间，安徽某公司对此提出了异议，焦点在于保护范围的界定是否应仅限于祁门县内，双方就此产生了争议。经过协商，祁门红茶协会同意对保护范围进行调整，双方达成和解，商标局据此核准了该商标的注册，注册号为4292071，专用权期限设定为2008年11月7日至2018年11月6日。然而，祁门红茶协会在实际操作中并未对保护范围进行任何修改。2011年，某公司针对"祁门红茶及图"证明商标向国家工商行政管理总局商标评审委员会提出了无效申请，该案件随后进入了司法程序。历经多年审理，北京市高级人民法院于2017年12月25日作出了终审判决，判定"祁门红茶及图"证明商标无效。❶

法院在判决中指出，祁门红茶协会在明知"祁门红茶"地域范围存在争议的情况下，未能全面、准确地向商标注册主管机关报告该商标注册过程中存在的争议。特别是在某公司根据安徽省工商局的会议纪要要求撤回商标异议申请后，祁门红茶协会仍然采取了不作为的态度，等待商标注册主管机关核准该商标的注册。法院认为，此行为已构成了以"其他不正当手段取得注册"的情形，因此依据2001年《商标法》第四十一条第一款的相关规定，判决该争议商标依法应予无效宣告。

从判决书的内容来看，关于"祁门红茶"的产区范围一直存在两种不同的观点，即大祁门红茶产区和小祁门红茶产区之分。小祁门红茶产区仅指祁门县境内除安凌区外的所有产茶区，所产红茶被普遍认可为"祁门红茶"。而大祁门红茶产区则除了祁门县外，还包括周边的黟县、石台县、东至县、贵池县和江西浮梁县等地。由于祁门县和黟县隶属于黄山市，而石台县、东至县、贵池县则归属于池州市，祁门红茶协会提出的"祁门红茶"生产地域应限定在祁门县境内18个乡镇的主张，自然引发了广泛的争议。

---

❶ 唐金法. 历经13年纷争"祁门红茶"商标案尘埃落定[N]. 人民法院报，2018-01-27.

"祁门红茶"证明商标的申请历经了异议、复审及法院多次审理的复杂过程，长达13年，最终因涉及保护范围的争议而被裁定为无效。此案作为法院在商标授权确权行政案件中，首次对特定地理标志的地域范围进行司法认定的实践，具有深远且重要的意义。

2. 保护范围的划定

地理标志保护范围的争议，本质上是对利益的争夺。地理标志的利益体现在其保护范围上，唯有在该范围内，相关主体方有资格分享地理标志所带来的经济收益。然而，当前的申请流程往往将保护范围的界定过于简化，普遍采取将整个县域内的所有乡镇一并纳入的方式，以避免各乡镇之间因此产生的纷争。但若地理标志所涵盖的产区范围超越了县级界限，则面临新的挑战。祁门县在申请地理标志"祁门红茶"时遭遇的来自县外企业的反对，其根源在于"祁门红茶"因历史原因早已传播至其他县市乃至邻近省份，这些地区自然不愿让祁门县独占其利。针对此类跨地域问题，根据既有规定，应由共同的上级政府进行协调处理：若地理标志保护范围跨越县界而辐射至全市，则由市政府负责协调；若跨越市界，则由省政府负责协调。

此外，地理标志产品并非必然局限于单一县市范围内，部分产品可能广泛分布于多个县市乃至跨省区域。在此情境下，地理标志的命名有争议。然而，相关法律已就此作出明确规定。《集体商标、证明商标的注册和管理规定》第七条明确指出：以地理标志作为证明商标、集体商标注册的，其名称可以是该地理标志所标示地区的名称，也可以是能够表明某商品源自该地区的其他标志。前述地区名称无须与该地区的现行行政区划名称及范围完全一致。以"普洱茶"为例，其保护范围虽覆盖云南省多个州，但仍以普洱市这一地名作为命名依据。

3. 保护范围的变更

当地理标志产品成为推动区域经济发展的核心动力时，某些地方政府试图通过行政手段将地理标志的保护范畴扩展至整个地市，以此拉动整个地区的经济增长。然而，此举与地理标志制度的初衷相悖。鉴于地理标志的管理主体存在变更的可能，部分地方政府便萌生了调整地理标志保护范围的想法。但实际操作中，在登记机关变更地理标志的保护范围面临诸多困难。

《地理标志产品保护办法》第二十六条规定："地理标志产品保护要求需要变更的，应当向国家知识产权局提出变更申请……（二）对地理标志产品名称、产地范围、质量特色和产品形态等主要内容变更的，国家知识产权局收到省级知识产权管理部门初审意见后，组织地理标志产品专家审查委员会开展技术审查。审查合格的，国家知识产权局发布初步变更公告……"该条明确规定产地范围是可以变更的。《集体商标、证明商标注册和管理规定》第六条第三款规定："……注册人修改使用管理规则的，应当提出变更申请，经国家知识产权局审查核准，并自公告之日起生效。"

面对行政命令与变更登记均不可行的现状，一些地区采取了重新申请地理标志的策略，以实现保护范围的扩大。例如，湖南保靖县的"保靖黄金茶"已获地理标志商标认证，而湘西州随后又申请了"湘西黄金茶"，导致两者在黄金茶品牌上产生了长期的争议与纷争。另有一种做法，即缩减地理标志的保护范畴，并设立新的独立保护区域。以"南丰蜜桔"为例，其地理标志证明商标的保护范围原本覆盖南丰县内的大部分乡镇，但随后，该县内的几个乡镇又分别申请了仅限于各自乡镇的地理标志商标，试图以更精细的划分保护其产品。另一案例涉及安徽某知名酒类品牌，其已申请成为地理标志产品，但保护范围却限定在了公司围墙之内，围墙之外则不被视为保护区域。这一做法不仅偏离了地理标志保护制度设立的初衷，也对企业的发展构成了限制。为了扩大生产能力，该企业不得不征用大片土地以建设新的厂房，然而，这些新厂房却无法纳入原有的保护范围之中。

4. 行政区划的变化对地理标志保护范围的影响

地理标志均具备清晰明确的保护范围。据数据分析，其保护范围主要集中于单个县域，占比接近九成。对于仅限于特定县域的地理标志，其保护范围通常详尽地列举了所涵盖的乡镇名称。然而，在实际操作中，确实存在因行政区划调整而导致保护范围发生变更的情况。

（1）行政区划的变动。

行政区划的变动是常态现象，其调整过程具有持续性和动态性。历史上，为了更有效地管理政务，行政区划的调整屡见不鲜。例如，在清代，政府出于管理需要，将经济繁荣的江南省一分为二，以江宁府和苏州府为核心区域设立了江苏省，同时以安庆府和徽州府为核心区域设立了安徽省。中华人民共和国成立后，随着国家发展需求的不断变化，乡镇一级的行政区划也经历了多次调整与优化，以适应经济社会发展的新要求。这些调整均体现了行政区划变动作为常态现象的持续性和动态性。

2010年2月24日，国家质量监督检验检疫总局正式批准了对"三华李"实施地理标志产品保护的措施。此次保护的区域范围严格限定在广东翁源县的龙仙镇、坝仔镇及江尾镇这三个行政镇域内。据相关史料记载，"三华李"之所以得名，源于其最早在翁源县境内的三华乡进行规模化种植。然而，经核查确认，翁源县当前的行政区划中已不再设有三华乡，该乡已于2004年并入龙仙镇。

（2）行政区划变化对地理标志的影响。

行政区划的调整不可避免地会对地理标志的保护范围产生一定影响，这主要体现在对特定地理标志商标的保护与管理上。以"永修蜜橘"

为例，其作为具有显著地理标志特征的商标，核心产区原位于"庐山西海"风景区。然而，随着区域管理的变革，该风景区跨越了永修县与武宁县两个行政区域，并在此基础上成立了县级的庐山西海风景名胜区管理委员会。这一变化直接导致"永修蜜桔"的主要产区在行政上被划归至庐山西海风景名胜区管理委员会的管辖之下，而不再隶属于原注册地永修县。这一现状对"永修蜜桔"商标注册管理机构永修县农业部门而言，构成了一定的管理挑战。由于主要产区已不属于本县范围，势必在监管、维护及品牌保护等方面带来诸多不便与困扰，需要双方乃至多方协调解决。

在行政区划层面，乡镇的变革显著，撤并现象屡见不鲜。随着乡镇合并的推进，部分原本属于保护范围的乡镇被并入该范围之外的乡镇，引发了关于此类乡镇所产地理标志产品是否仍享有使用原地理标志名称权益的疑问。同时，也存在原本处于保护范围之外的乡镇并入保护区内的情况，进而引发了对这些乡镇是否自动获得保护范围地位的探讨。行政区划的频繁调整无疑对地理标志的保护范围界定构成了挑战，形成了一个法律与实践上的模糊地带。这一现象已引起部分打假团队的关注，他们针对此灰色区域积极行动，向市场监督管理部门发起投诉与举报，给地方市场监督管理工作带来了不小的困扰与压力。因此，有必要加强对这一问题的法律解释与监管措施，以确保地理标志保护制度的公平、公正与有效执行。

（3）变通的思路。

针对乡镇行政区划的调整常导致地理标志保护范围变动的问题，学界目前探讨不足。地理标志保护范围调整的具体路径尚未明确，但鉴于其现实存在性，亟须采取有效措施加以解决。因此，一种可能的解决思路是，调整乡镇名称。考虑到修改乡镇名称已有成熟流程和先例可循，若将保护范围内外的乡镇进行合并，并采用保护范围内乡镇的名称，或可有效解决该问题。以翁源县为例，若能将三华乡并入龙仙镇后，将龙仙镇更名为三华镇，即可解决地理标志产品"三华李"保护范围问题。

五、如何描述地理标志产品品质

地理标志产品与地理标志商标的申请过程中，均需在提交的文件中详尽阐述产品的品质特征。其中，地理标志的一大核心属性即为特色性，这要求产品需具备"特定质量"。此处的"特"字，并非单纯指向卓越的质量水平，而是强调其独特性、别出心裁之处，即产品在品质上应具备与众不同的鲜明个性。

品质特征的描述实质上是为该类产品制定了一套标准，此标准在公示后将成为消费者识别地理标志产品并区分其与同类普通商品的重要依据。因此，在准备申请材料时，对品质特征的精准描述显得尤为关键。此外，品质的描述还需深入剖析并阐明当地自然环境与人文环境如何与产品的特定质量紧密关联。以江西"崇仁麻鸡"申请地理标志商标遭拒为例，其根本原因在于申请材料中未能清晰阐述当地自然环境与人文环境对"崇仁麻鸡"独特品质形成的具体作用机制及关联关系。这提示我们，在描述关联关系时必须基于科学、合理的依据，严谨求实，杜绝虚构或夸大其词。

（一）法律法规及相关规定

《地理标志产品保护办法》第十一条第二款规定，申请地理标志产品的相关材料包括：产品描述，产品的理化、感官等质量特色，特定声誉或者其他特性及其与产地的自然因素和人文因素之间关系的说明。《集体商标、证明商标注册和管理规定》第五条第二款规定："以地理标志作为证明商标、集体商标注册的，应当在申请书件中说明下列内容：（一）该地理标志所标示的商品的特定质量、信誉或者其他特征；（二）该商品的特定质量、信誉或者其他特征主要由该地理标志所标示地区的自然因素或者人文因素所决定……"在实际操作中，对于地理标志产品的品质描述，通常涵盖两个核心方面：感官指标与理化指标。其中，感官指标侧重于产品外观、口感等可直接感知的特性，而理化指标则涉及产品的化学成分、物理性质等需要通过科学手段测定的参数。

（二）如何介绍品质特征

从国家质量监督检验检疫总局2004年第181号公告《"庐山云雾茶"原产地域产品保护公告》中可以看到"庐山云雾茶"的相关描述："1.外观："庐山云雾茶"属烘青绿茶，其形似兰花初绽，单芽圆直挺秀，色泽绿润显毫、香高味浓纯正、汤色碧绿明亮、叶底嫩绿匀齐，构成了'三绿绝品'的品质特色。2.主要理化指标：粗纤维含量7.0%至14%，水浸出物38%至45%。"其中的外观就是感官指标介绍，主要理化指标就是理化指标介绍。《"庐山云雾茶"证明商标使用管理规则》第六条规定："使用庐山云雾茶证明商标的产品的品质特征：外形条索紧结重实，饱满秀丽；色泽碧嫩光滑，芽隐绿；香气芬芳、高长、锐鲜、汤色绿而透明；滋味爽快，浓醇鲜甘；叶底嫩绿微黄、鲜明、柔软舒展。含量为：水分≤6.5%，灰分≤6.5%，粉末≤1%，碎茶≤1%，水浸出物38.0%～46.0%，粗纤维≤10.5%，咖啡碱2.5%～3.0%。"这种描述就是标准的既有感官指标，又有理化指标。

1. 感官指标

感官指标是指通过人类的视觉、嗅觉、味觉及触觉等感觉器官所能直接感知到的相关参数或特性。例如，对"庐山云雾茶"外观的描述"其形似兰花初绽，单芽圆直挺秀，色泽绿润显毫、香高味浓纯正、汤色碧绿明亮、叶底嫩绿匀齐"，提及了外形、色泽、香气、味道等感官特征。其中，外形与色泽、汤色、叶底等特征，消费者可通过视觉辨别；香气特征则可通过嗅觉感知；而味道特征则需通过味觉感知。但依据上述描述，普通消费者在感官上区分"庐山云雾茶"与其他绿茶品种仍然存在一定难度。

感官指标的阐述需力求精练且精确，确保消费者能据此有效辨识产品真伪。当前市场上，众多产品的感官描述往往过于笼统，难以助力消费者在众多同类中作出明确区分。针对此现状，海南热带作物研究院的专家特向笔者传授了辨识海南咖啡与云南咖啡的关键技巧。专家以"粒小、味烈"四字精辟概括了海南咖啡的两大显著特点：其一，直观可见，海南咖啡豆相较于云南咖啡豆，体积更为小巧；其二，味觉可辨，海南咖啡所散发出的浓郁香气与醇厚口感令人印象深刻。这四个字精准捕捉了产品间的主要差异，消费者只需简单对比咖啡豆的尺寸与品尝咖啡的风味，即可轻松区分海南咖啡与云南咖啡。

2. 理化指标

理化指标的检测需依赖于专业且精确的仪器进行。目前，地理标志产品普遍存在的一个问题是，理化指标的数量相对较少，并且缺乏能够有效区分其与同类产品的显著性指标。具体而言，以"庐山云雾茶"为例，其仅列出了粗纤维含量在7.0%～14%，以及水浸出物含量在38%～45%这两项理化指标。同样的，以地理标志证明商标申请的形式呈现时，也仅列出了7个指标。这些理化指标似乎并未能充分体现出地理标志产品的独特性与差异性，而是更多地符合行业内普遍采用的指标要求。因此，单纯依据这些理化指标，可能难以准确判断某一产品是否真正在"庐山云雾茶"地理标志产品范畴内。

在申请地理标志的过程中，对于产品的品质特性需进行详尽且准确的阐述。这些描述不仅构成了鉴别产品真伪的重要基准，也是引导消费者正确识别、理解和验证地理标志产品真实性的关键环节。因此，对待此项工作务必保持高度的严谨性和责任心。

在提取产品的理化指标时，应聚焦于那些能够充分展现产品独特性的关键特征，以之作为与市场上其他同类产品进行有效区分的核心依据。以地理标志产品"赣南脐橙"为例，其显著的特征之一便是较高的糖度水平，相较于美国的新奇士橙子，其糖度值更为突出。因此，糖度指标便成为区分"赣南脐橙"与新奇士橙子之间差异性的重要标准。

（三）实践中存在的问题

1. 表达欠准确

在描述地理标志的特定质量方面，普遍呈现出较为笼统和简化的特点。这种描述方式可能导致消费者无法直接根据提供的信息作出准确判断，并难以将地理标志产品与其他同类产品进行有效区分。

以"祁门红茶"为例，据祁门红茶协会所述，"祁门红茶"乃是以华茶22号祁门种及其衍生的无性系良种茶树鲜叶为原料，严格遵循"祁门红茶"历史悠久的独特加工工艺精心制作而成。其品质特征显著，拥有一种独特而难以言喻的"祁门香"，这种香气被形容为兼具花香、果香与蜜香等多重风味。"传统而独特"这一表述虽富有情感色彩，却难以准确传达产品的具体品质特征。具体而言，"似蜜"尚可理解为带有甜味，但"似花""似果"则显得过于笼统，未能明确指出是何种花卉或果实的香气，使得消费者在理解"祁门香"这一概念时存在困惑。

因此，在描述产品特定品质时，我们应当力求精确，避免使用含糊、概括性的词汇，以更具体、形象的表述方式帮助消费者全面、准确地理解产品的独特之处。

2. 指标体系难以体现出地理标志产品的特色

部分地理标志产品的指标体系设计过于宽泛或模糊，导致消费者难以明确辨识其特色。以下列举几个随机检索的地理标志商标为例进行说明。《"隆回龙牙百合"地理标志证明商标的使用管理规则》第六条明确指出："使用'隆回龙牙百合'地理标志证明商标产品的品质特征：隆回龙牙百合产品个大、瓣长、肉嫩、肉厚、白如莲花、形状龙牙、芳香特殊、富含硒。"这些描述虽详尽，但仍难以充分展现其独特之处，难以让消费者轻易将其与普通百合区分开来。

《"利津老粗布"地理标志证明商标使用管理规则》第六条则对"利津老粗布"的特定品质进行了详细规定："纹路较粗糙，幅宽50～55厘米，接缝平直，松紧适当，针码较小而均匀；线条粗，纹理深，平整不起皱，不卷边，透气性好，吸汗，柔软舒适。其中，每百克含棉纤维量95～100克。"尽管这些标准详细，但同样难以凸显其与其他同类产品的显著差异。

《"陵水芒果"地理标志证明商标使用管理规则》第六条同样规定了"陵水芒果"的特定品质："果形端正均匀，果皮光滑无杂斑，色泽金黄鲜艳，肉滑细嫩，香甜多汁，纤维少，可食率高……"然而，这些描述虽能体现"陵水芒果"的基本品质，但同样难以全面展现其独特的品质特征，使得消费者难以将其与普通芒果明确区分。

综上所述，从上述地理标志产品的描述中可以看出，当前的指标体系在展现产品特定质量的特色性方面存在不足，难以将地理标志产品与普通同类产品有效区分开。

3. 指标体系不合理会影响地理标志保护

地理标志产品或地理标志商标的申请，其核心在于申请文件中需清晰界定产品的感官及理化指标，这些指标直接构成了产品的实际质量标准。唯有符合或超越这些标准的产品，方有资格使用地理标志名称，获得地理标志商标的使用许可，并进一步申请地理标志专用标志。

在过往案例中，笔者发现部分地理标志的标准体系指标设置偏低，未能有效区分于同类产品，难以通过标准指标鉴别假冒产品。反之，若标准设置过高，则可能导致本地无一产品符合标准，进而无企业能合法使用地理标志名称及其专用标志，这同样将严重削弱地理标志对当地产业发展的推动作用。笔者在广东某市授课期间，就曾有该市市场监管局负责人反映当地某地理标志产品的标准设置过于严苛，以致无一家企业产品达标。鉴于此，笔者在此郑重提醒，申请地理标志时务必审慎考量指标体系，避免标准设置过高或过低，以确保其既能保护消费者权益，又能有效促进地方经济发展。

第三节　申请地理标志过程中存在的冲突

一、申请地理标志商标还是地理标志产品？

当考虑保护特定地域内的产品或服务时，申请主体往往会面临一个选择，即是申请地理标志产品，还是申请地理标志商标？这个问题涉及两个不同的法律法规体系和保护机制，每个都有其独特的优势和适用范围。截至2023年年底，我国拥有地理标志注册集体商标、证明商标7277件，地理标志产品 2508 件。从数量上看，地理标志注册集体商标、证明商标的数量是地理标志产品的近 3 倍。

地理标志的管理主要涉及对内许可使用管理，对外维权打假。地理标志商标本质是一种商标，它通过将特定的地理名称或标志与商品或服务相结合，用以区分来源于不同地域的商品或服务，可以为企业提供更广泛的法律保护，防止他人未经授权使用相同的地理名称或标志来误导消费者。而地理标志产品通常指的是通过国家相关部门认证，将某一特定地域内生产的产品与其独特的地理环境和人文因素相关联，从而赋予该产品独特的身份和价值。这种保护机制注重产品的地域特性和独特品质，有助于提升产品的市场竞争力和品牌价值。

在选择申请地理标志产品或商标时，申请主体需要考虑多个因素，包括产品的地域特性、市场需求、品牌形象及法律环境等。如果产品具有鲜明的地域特色和独特品质，且这些品质与地域环境紧密相关，那么申请地理标志产品可能更为合适；而如果申请主体更注重品牌的区分度和法律保护的广泛性，那么申请地理标志商标可能更为有利。综上所述，在选择申请地理标志产品或商标时，应根据申请主体自身产品或服务的特点与市场需求进行综合考虑，选择最适合自己的方式。

二、地理标志申请途径

（一）地理标志申请部门

《地理标志产品保护办法》第十一条规定："地理标志产品的保护申请材料应当向省级知识产权管理部门提交。"即地理标志产品向各省知识产权局递交申请。而地理标志商标则向国家知识产权商标局提出申请。

（二）委托代理申请

在地理标志申请的实际操作过程中，地方政府大多会协调多个相关部门，组建专项工作组，集中力量推动申请进程。某些地方领导甚至会亲自带队前往北京等地，寻求专业领域专家的深度支持。然而，由于地理标志申请流程复杂且涉及众多专业细节，加之各参与方在材料组织和经验方面的不足，有时即便投入大量资源和时间，最终的申请材料仍难以完全符合标准，从而被驳回。这一过程往往还需经历复审，甚至行政诉讼，耗时数年而难有成果。

鉴于地理标志申请并非政府部门常规业务范畴，且多数人员可能在其职业生涯中仅会遇到一次此类工作，因此，笔者建议将此类申请委托专业的代理机构处理。这些机构不仅积累了丰富的地理标志申请经验，还拥有专业的申请材料编制团队，对各类申请程序有深入地了解和熟练的操作能力。在选择代理机构时，应考察其过往成功案例，以确保选择那些具备真正实力和专业的机构。虽然一些机构可能以较低的代理费吸引客户，但若其因缺乏专业知识和经验而导致材料准备不周，最终只会给申请人带来不必要的时间和资源上的浪费。

三、如何解决地理标志与商标之间的冲突

地理标志申请需避免与在先注册商标产生冲突。那么，当发现存在在先注册商标时，应如何应对呢？

（一）地理标志名称与商标冲突

地理标志的命名标准较为严苛，名称不符合规范可能无法通过审核程

序。在江西省南康县（现已更名为南康区）有一种历史悠久的柚子品种，传统上被称为"斋婆柚"。然而，在进行地理标志申请的审核过程中，该柚子的名称被定为"南康甜柚"，这一变动不仅忽略了其深厚的历史底蕴，也削弱了品牌价值。通过检索商标局官方网站，我们了解到"斋婆"这一名称已被某企业注册为商标。基于商标注册的优先性原则，这很可能是导致"斋婆柚"无法作为地理标志名称进行申请的主要原因。

江西修水县的"宁红茶"作为江西重点推广的"四绿一红"茶叶品牌体系中唯一的红茶代表，成功申请了地理标志产品保护。然而，在检索地理标志商标数据库时，却未能发现"宁红茶"的身影，这不禁令人疑惑，为何如此知名的产品未能申请地理标志商标。进一步调查发现，"宁红"作为一个注册商标，其注册类别涵盖了第30类（茶叶），该商标最初由修水县茶叶科学研究所江西省宁红集团公司于1994年注册，并随后转让给江西省宁红集团有限公司。鉴于"宁红"商标已注册在先，如何为"宁红茶"成功注册地理标志商标成为当地政府最想要解决的一个问题。

另一个例子是"古井贡酒"。作为安徽古井贡酒股份有限公司的注册商标及商号，已被核准为地理标志产品。需要注意的是，商标作为企业的私有财产，具有排他性，能排斥他人未经许可的使用或仿冒。而地理标志则属于区域公共品牌，在该特定区域内，任何符合条件的企业或个人均可申请使用。这种私权被公有化的现象对于公司品牌而言，无疑构成了严重的潜在损害。安徽古井贡酒股份有限公司在意识到这一问题后，感受到了极大的困扰。企业在此类情况下是否应该让渡在先注册商标，往往取决于其自身的战略考量与利益权衡。

（二）如何处理地理标志与商标名称冲突

在我国，地理标志制度属于较为新兴的制度，而商标法体系则早已确立。在实际应用中，地理标志名称与已注册的商标之间时常发生权利冲突的情况。针对此类情况，传统做法往往是要求原注册商标的持有人放弃其相关权利。然而，对于早期申请并经过长期使用的商标而言，要求其持有人放弃权利，无疑会对其造成重大的经济损失。因此，这类问题的解决往往需要依赖于政府的协调与介入。以"庐山"这一商标为例，该商标原由一家茶叶企业注册并使用。然而，在"庐山云雾茶"申请地理标志产品时，双方权利发生了冲突。最终，在政府的积极协调下，这一冲突得以妥善解决。

军山湖是江西进贤县境内的一个湖泊。2002年"军山湖"商标获权，其注册范围明确涵盖了第31类商品中的"螃蟹"子类，而"军山湖大闸蟹"于2007年获得地理标志产品认证，该地理标志产品的申请建立在"军山湖"商标已存在的基础之上。同样，在"庐山云雾茶"获得地理标志证明商标注册后，原有在第30类茶叶商品上注册的"庐山"商标依然保持有效状态。这些实例表明，在申请地理标志商标时，若存在与之相关的在先注册商标，并不必然要求注销该在先商标。

地理标志的命名多根植于深厚的历史传统与文化背景，其变更的灵活性相对较低，因此，在申请地理标志的过程中，为确保合法性与有效性，申请人需通过商标局的官方网站进行严格的检索流程。若存在相同或近似类别的在先注册商标，则后续以该名称申请地理标志商标或地理标志产品将面临法律障碍。针对申请过程中可能遭遇的在先商标冲突问题，建议申请人采取审慎态度，并向相关负责部门进行详尽咨询，以获取专业的指导与解决方案。

四、地理标志与品种名称冲突

《地理标志产品保护办法》第八条规定："……有下列情形之一，不给予地理标志产品认定，……（五）产品名称与国家审定的植物品种或者动物育种名称相同，导致公众对产品的地理来源产生误认的。"

在某些情况下，地理标志产品的名称亦同时指代了特定的品种。以"南丰蜜桔"为例，它不仅作为地理标志产品的名称被广为人知，亦代表了一种独特的橘子品种。该蜜橘品种以果实小巧、皮薄易剥、色泽金黄、果型扁平秀美为特点，其果香清新宜人，口感甜中带酸，深受消费者喜爱。同样地，"泰和乌鸡"作为地理标志产品，也是乌骨鸡中的一个特定品种名称。据《本草纲目》记载，乌骨鸡分为白毛乌骨、黑毛乌骨、杂毛乌骨三种，而"泰和乌鸡"以其独特的白色羽毛、出众的外观及尤为乌黑的骨骼和肉质脱颖而出，其品质在同类中堪称上乘。"泰和乌鸡"早在唐代就已作为珍贵食材进入宫廷，其历史地位和文化价值可见一斑。无论是"南丰蜜桔"还是"泰和乌鸡"，其地理标志名称与品种名称实现了完美的统一。

然而，根据《地理标志产品保护办法》的规定，若产品名称与动植物品种名称完全一致，则不再被认定为地理标志产品。这一规定意味着未来在申请地理标志产品时，需要避免名称上的直接重合。对于已经获得认定的名称与动植物品种一致的地理标志产品，其后续处理办法尚需等待相关规定的出台以明确此类产品的法律地位和保护措施，确保其独特性和品质得到持续有效的维护。

第三章 地方政府对地理标志的管理

学者哈定于1968年发表了《公地的悲剧》，该文章详细描述了英国地主在其领地内划分出特定区域（即公地），并免费开放给牧民使用。由于牧民们倾向于最大化其养殖规模，导致牛羊数量急剧增长且缺乏有效控制，进而使公地牧场遭受严重破坏，最终演变为寸草不生的荒地，而牛羊也因缺乏食物而相继饿死。哈定将这一现象命名为"公地悲剧"。

在地理标志作为区域性品牌的背景下，理论上而言，本区域内所有符合条件的企业均有权使用该地理标志。然而，若管理不善，极易导致地理标志产品的生产能力下降，进而引发产品滞销和价格下滑等一系列问题。因此，如何有效避免地理标志领域的"公地悲剧"，是本章需要深入探讨的重要议题。

第一节　地方政府在地理标志管理中的角色

鉴于各种规定对地理标志管理者的称呼存在差异，为便于叙述，本书在后续内容中统一采用"管理人"这一称谓。

一、地方政府在地理标志管理中的角色

本书所指的地方政府范畴广泛涵盖了地方政府本身和那些直接参与地理标志管理的职能部门，特别是市场监督管理局与知识产权局等关键机构。这些政府机构不仅承担着对地理标志的监管与扶持等关键职能，同时，在某些情况下，还可能直接作为地理标志的管理者参与到相关工作的实施与管理中。

（一）管理人角色

不少地理标志是直接以政府机构名义申请，获得地理标志后，政府机构转变为地理标志的管理人，以下以江西省的地理标志商标（见表3-1）为例。江西省至少有8个地理标志商标是以政府机构或事业单位为申请主体申请的，政府机构自然成为地理标志商标的管理人。

表 3-1 江西省地理标志商标与注册人

地理标志商标	注册人
安义瓦灰鸡	安义县畜牧水产局
奉新猕猴桃	奉新县果业办
广丰马家柚	广丰县果业管理办公室
南丰蜜桔	南丰县蜜桔产业局
宁都黄鸡	宁都县农业技术推广中心
新余蜜桔	新余市农业科学研究中心
兴国灰鹅	兴国县畜牧兽医局
袁州茶油	宜春市袁州区油茶技术推广站

1. 地理标志产品

地理标志产品的管理人要对地理标志产品名称、专用标志的使用、产品特色质量等尽到管理责任。《地理标志产品保护规定》第二十三条第二款："地理标志产品获得保护后，申请人应当采取措施对地理标志产品名称和专用标志的使用、产品特色质量等进行管理。"

2. 地理标志商标

地理标志商标的管理人需对商标实施严格而有效的管理与控制，以确保其合法使用，防止任何违法行为的发生。《集体商标、证明商标注册和管理规定》第十一条规定："集体商标、证明商标注册人应当实施下列行为，履行商标管理职责，保证商品品质：（一）按照使用管理规则准许集体成员使用集体商标，许可他人使用证明商标；（二）及时公开集体成员、使用人信息、使用管理规则；（三）检查集体成员、使用人的使用行为是否符合使用管理规则；（四）检查使用集体商标、证明商标的商品是否符合使用管理规则的品质要求；（五）及时取消不符合使用管理规则的集体成员、使用人的集体商标、证明商标使用资格，并履行变更、备案手续。"

（二）监管者角色

市场监督管理局、知识产权局等作为监管者，对地理标志承担以下监管责任。

1. 对地理标志商标的监管

《集体商标、证明商标注册和管理规定》第二十条规定："地方人民政府或者行业主管部门应当根据地方经济发展需要，合理配置公共资源，通过集体商标、证明商标加强区域品牌建设，促进相关市场主体协同发展。

地方知识产权管理部门应当支持区域品牌获得法律保护，指导集体商标、证明商标注册，加强使用管理，实行严格保护，提供公共服务，促进高质量发展。"对标以前的《集体商标、证明商标注册和管理办法》第二十一条规定："集体商标、证明商标注册人没有对该商标的使用进行有效管理或者控制，致使该商标使用的商品达不到其使用管理规则的要求，对消费者造成损害的，由工商行政管理部门责令限期改正；拒不改正的，处以违法所得三倍以下的罚款，但最高不超过三万元；没有违法所得的，处以一万元以下的罚款。"显然地方政府和行业主管部门的管理工作更为宽泛，监管处罚职能弱化了。

2. 对地理标志产品的监管

《地理标志产品保护办法》第三十条规定："有下列行为之一，依据相关法律法规处理：（一）在产地范围外的相同或者类似产品上使用受保护的地理标志产品名称的；（二）在产地范围外的相同或者类似产品上使用与受保护的地理标志产品名称相似的名称，误导公众的；（三）将受保护的地理标志产品名称用于产地范围外的相同或者类似产品上，即使已标明真实产地，或者使用翻译名称，或者伴有如"种""型""式""类""风格"等之类表述的；（四）在产地范围内的不符合地理标志产品标准和管理规范要求的产品上使用受保护的地理标志产品名称的；（五）在产品上冒用地理标志专用标志的；（六）在产品上使用与地理标志专用标志近似或者可能误导消费者的文字或者图案标志，误导公众的；（七）销售上述产品的；（八）伪造地理标志专用标志的；（九）其他不符合相关法律法规规定的。"

3. 对市场的监管

市场监督管理局、知识产权局承担着维护市场秩序的稳定，保障消费者权益，推动地理标志产品的公平竞争与可持续发展的监管职能。以下报道具体展示了政府在地理标志监管方面所开展的工作。

国家知识产权局于 2019 年 2 月 3 日正式颁布通知，决定在 2019 年春节假期期间，即自 1 月 28 日至 2 月 28 日，全面开展为期一个月的地理标志使用专项整治行动。此次整治工作的核心聚焦于与人民群众节日生活紧密相连的地理标志产品，包括瓜果蔬菜、粮食油料、畜禽蛋、水产品、茶叶、加工食品、饮料及酒类等。重点在于对具备高品牌价值、广泛社会关注及全国性影响力的地理标志产品及商标进行深入摸底调查，强化地理标志侵权风险的监测，并坚决依法查处和惩治地理标志的违法使用行为。

《中国消费者报》于 2019 年 3 月 5 日报道，福建省市场监管局近期已着手实施地理标志使用的专项整治与检查工作，旨在全面把握并推动各地专项整治工作的有效执行，确保整治活动取得显著成果。经调查发现，多个地区已积极响应号召，纷纷启动并执行了相关的地理标志专项整治工作。

二、地方地理标志监管部门在地理标志中的职能

（一）协助本地申请地理标志

部分省市地理标志产业规划文件中明确规定了省内各县需要至少拥有一个地理标志，对于尚未具备的县，则需新申请获取，此举措被形象地称为"灭零"行动。至今，仍有部分地区在持续推进这一"灭零"工作，旨在确保各县至少拥有一个地理标志。该项工作主要由市场监督管理局或知识产权局主导实施。

第三章　地方政府对地理标志的管理

（二）裁定许可使用地理标志商标

根据《集体商标、证明商标注册和管理规定》第十六条的规定，任何满足证明商标使用管理规则规定条件的主体，在完成相应手续后，均有权使用该证明商标，注册人必须履行办理手续的义务，不得拒绝。

笔者曾接到多个地理标志监管部门的咨询，主要聚焦于注册人拒绝为企业办理地理标志商标使用证明的情况。在地理标志商标的申请流程中，申请人必须提交《地理标志证明使用管理规则》或《地理标志集体商标使用管理规则》（注：两规则都有推荐版本，申请人可选择直接套用模板）。上述两管理规则模板内容基本一致，均在第十二条中明确标明："若申请人未获准使用＿＿＿＿地理标志证明商标或集体商标的，可以在收到审核意见通知＿＿＿＿天内，向注册人所在地县级以上市场监管部门提出申诉，＿＿＿＿（地理标志商标注册人）应尊重市场监管部门的裁定意见。"

是否许可使用地理标志商标的裁定权，属于市场监督管理局或知识产权局的职能范畴。然而，在具体裁定部门、依据及程序上，各地市场监督管理局或知识产权局可能存在差异。例如，部分省份将地理标志产品与地理标志商标的管理分别交由市场监督管理局或知识产权局内的不同处室负责，其中商标处负责地理标志商标，而保护处负责地理标志产品。对应市县市场监督管理局也设有相应部门。

《地理标志证明、商标使用管理规则》《地理标志集体商标使用管理规则》作为地理标志商标申请的必要文件，已经过国家知识产权局商标局的严格审查与公告，公众可在官方网站上查询。管理规则不仅为申请流程提供了指导，也是市场监督管理局裁定的重要依据。在具体裁定过程中，市场监督管理局或知识产权局相关处室依据管理规则，着重审核申请者是否符合规定的条件及所提交的手续是否完善。若申请者符合条件且手续齐全，原则上应作出许可使用的裁定。

三、对地理标志产业进行扶持

在地理标志产业的扶持方面，地方政府与职能部门已摒弃了以往绩效欠佳的举措，转而将更多政策与资金专项用于地理标志产业的培育、技术创新推动、区域公用品牌宣传强化、建立健全地理标志产品的管理体系等方面。

（一）政策与配套

地理标志作为地方特色产品的"金色名片"，对于推动区域经济发展、提升农产品附加值、促进农民增收致富具有不可估量的作用。为了确保地理标志支持措施能够扎实落地，资金能够精准高效地投入关键领域，各地方政府采取了一系列全面而细致的配套措施，力求为地理标志的繁荣发展提供强有力的支撑。例如，制订地理标志发展战略规划；设立地理标志产业发展专项基金；出台地理标志扶持政策；加强地理标志保护；实施地理标志人才培养工程；加大地理标志宣传推广力度等举措。通过上述措施的有效贯彻与执行，部分地方政府已显著转型为推动地理标志产业迅猛发展的核心力量。

（二）贯标模式

知识产权"贯标"是指贯彻《企业知识产权管理规范》（GB/T 29490—2013）。国家标准。该国家标准由国家知识产权局起草制定，国家质量监督检验检疫总局、国家标准化管理委员会批准颁布，是我国首部企业知识产权管理国家标准。通过十多年的"贯标"工作，我国大量企业构建了一系列完备的知识产权管理配套体系，广泛涉及商标、专利、版权、商业秘密等多元化知识产权内容，其管理过程涵盖了知识产权的创造、运用与保护等多个关键环节。

相比之下，地理标志作为一种特定类型的知识产权，其管理内容相对单一，主要聚焦于对内许可使用和对外维权。地理标志的许可使用遵循既定规则，而维权工作则可委托专业机构进行，从而大大简化了管理流程。相较于复杂的企业知识产权管理标准化的顺利推行，地理标志这一较为单纯的知识产权类型，其管理标准化的实施无疑将更为简便、易行。

为进一步推动地理标志管理的标准化进程，笔者建议地方政府可借鉴"贯标"的成功经验，为地理标志管理人提供必要的资金支持，鼓励其聘请专业机构协助制定科学合理的管理制度，并在制度运行初期给予必要的指导与协助。此举将有助于提升地理标志的管理水平，促进地理标志的规范发展。

（三）专用标志的使用

据市场调研结果，地理标志专用标志作为地理标志管理的重要工具，其市场使用率相较于绿色食品标志及有机产品认证标志而言，明显偏低。品牌有效推广的关键在于让消费者广泛认知，若广告宣传未能转化为市场的实际展示，其效果则大打折扣。为了提升地理标志专用标志的知名度与使用率，最直接且成本效益显著的方式即广泛应用该标志。当每一个获得许可的单位均在其产品上显著展示此专用标志时，它将遍布市场的每一个角落，从而确保消费者能够轻松识别并信任相关产品。

地理标志专用标志的应用方式多样，既可直接印制于产品包装之上，亦可通过标贴形式灵活附加。相较于高昂的广告费用，地理标志专用标志的应用对生产成本的影响微乎其微，这无疑为企业提供了更为经济高效的品牌宣传途径。国家知识产权局已采取积极措施，废除旧的地理标志产品及集体商标、证明商标的专用标志，并推出全新的地理标志专用标志，各省市知识产权局对于 2020 年 4 月 3 日实施的《地理标志专用标志使用管理办法（试行）》的贯彻执行工作已具备丰富经验，并通过提供各项激励措施及专用标志使用补贴等手段，有效降低了企业的推广成本。

第二节　如何建立地理标志管理体系

一、理顺地理标志管理关系

我国地理标志保护机制主要由两种模式构成：一是地理标志产品保护模式，二是通过注册集体商标与证明商标的形式进行保护。据相关统计数据反映，当前地理标志的申请流程中存在重复申请的现象，即同一产品可能同时申请两种不同类型的地理标志，或不同主体针对同一地理标志提出申请，且这些申请的保护范围呈现出差异。这一现象进而引发了关乎管理主体与管理方式的深层次问题，具体而言，即如何清晰界定管理责任，以及如何确保管理措施得以有效执行。

（一）不同的管理主体

1. 重复申请

在实践中，存在大量将同一地理标志同时申请为地理标志产品及地理标志商标的现象。据西安市市场监督管理局所公布的数据，截至 2022 年年底，西安市共登记地理标志保护产品 10 个，注册地理标志商标 6 个。值得注意的是，其中 4 项已同时获得地理标志产品及地理标志商标的双重认证（见表3-2）。

表3-2 西安市地理标志

名称	地理标志产品	以地理标志注册的集体商标、证明商标
周至山茱萸	√	
周至猕猴桃	√	√
阎良甜瓜		√
王莽鲜桃		
临潼石榴	√	√
临潼火晶柿子	√	
蓝田玉	√	
蓝田白皮松	√	
华胥大杏	√	
户县葡萄	√	√
户县黄酒	√	
灞桥樱桃	√	√
太平大枣		√

2. 管理主体不同

以江西省为例，截至2022年5月，有10个产品先后申请了地理标志商标和农产品地理标志（2022年11月17日，农业农村部发布第623号公告，决定废止农产品地理标志登记程序）（见表3-3）。在同一个地方，同一个地理标志名称权利主体不是同一个，必然会给管理带来麻烦。

表3-3 江西省同时申请地理标志商标和农产品地理标志的产品

地理标志名称	农产品地理标志权利主体	地理标志商标权利主体
安义瓦灰鸡	安义县鼎湖镇瓦灰鸡养殖专业合作社	安义县畜牧水产局
临川虎奶菇	抚州市临川金山食用菌专业合作社	抚州市临川区食用菌协会
南丰蜜橘（桔）	南丰蜜桔协会	南丰县蜜桔产业局

续表

地理标志名称	农产品地理标志权利主体	地理标志商标权利主体
宁都黄鸡	宁都县畜牧兽医技术服务中心	宁都县农业技术推广中心
新余蜜桔	渝水区农业局果业站	新余市果业局
兴国红鲤（鱼）	兴国县水产技术指导站	兴国县农副土特产品协会
兴国灰鹅	兴国县灰鹅生产办公室	兴国县畜牧兽医局
修水杭猪	修水县杭猪原种场	修水县畜牧水产业协会
余干辣椒	余干县国珍枫树辣椒种植专业合作社	余干县辣椒协会
袁州茶油	宜春市袁州区油茶局	宜春市袁州区油茶技术推广站

（二）如何管理地理标志产品和地理标志商标

地理标志的申请与管理应遵循"谁申请，谁管理"的原则。理论上，管理主体的界定是明确的。然而，从实际注册数据来看，存在接近20%的产品案例，其地理标志的申请数量超过两个。这一现象具体表现为两种情形：其一，同一申请人针对同一产品申请了多个地理标志，如九江市茶叶产业协会既申请了"庐山云雾茶"的地理标志商标，又申请了地理标志产品；其二，不同主体针对同一产品分别申请地理标志，如"南丰蜜桔"的地理标志产品和地理标志商标分别由南丰蜜桔协会和南丰县蜜桔产业局两个不同主体进行申请。

1. 管理权委托

地理标志产品与地理标志商标的申请获权对象各异，此"双重授权"现象虽存在诸多不合理之处，却因多重因素而存在。鉴于此，部分地方政府已积极采取行政措施整合管理权限，确保地理标志产品与商标由同一机构统一监管。

以南丰县政府为例，其颁布的《南丰蜜桔公共品牌标识使用管理办法》第三条明确指出:"本办法所涵盖的南丰蜜桔地理标志证明商标、国家地理标志(即地理标志产品),其管理权将统一由所有权人授权南丰县蜜桔产业局进行集中管理。"此举通过政府正式文件的形式,将地理标志产品与商标的管理权明确委托给单一机构,为其他地区提供了具有参考价值的实践范例。

2. 不同的管理要求

地理标志产品与地理商标的保护范畴及质量标准通常存在差异。《南丰蜜桔公共品牌标识使用管理办法》并未明确体现这一区别,引发了对管理实践中是否实施差异化管理的疑问。目前,地理标志产品与地理商标均统一采用地理标志专用标志,若两者的保护范围不尽相同,则仍可能在使用地理标志专用标志时引发混淆(具体内容我们将在第五章进行详尽分析)。

二、地理标志管理制度的法律基础

学界当前对于地理标志的属性尚存分歧,部分观点认为其属于公权范畴,而另一部分则主张其为私权。尽管如此,各方均一致认同地理标志是知识产权的重要组成部分。鉴于知识产权的管理遵循着国际公认的规范体系,因此,依据这些通行的管理规则对地理标志进行管理将更有助于实现其有效治理。

以地理标志商标为例,证明商标确属商标法管理范畴。相较于普通商标,证明商标在运用上呈现显著不同:其使用权仅限于授权他人,而非注册人自用;注册人在商标获权后即开始行使地理标志证明商标管理者角色,需承担管理职责。鉴于商标管理体系已相当成熟,证明商标的管理主要聚焦于许可使用方面，注册人据此构建许可使用管理体系，并融合地理标志商标的质量管理、商标标识使用等多项管理要素。注册人与被许可使用人之间通过签订证明商标许可使用协议，明确双方权利与义务，并确立被许可人应遵循的管理规范。在此框架下，《地理标志证明商标使用管理规则》成为地理标志商标注册人管理证明商标的关键依据，任何管理规则的制定均需以此为基础。该规则在申请注册时即作为必要文件提交审查，并经由商标局官方网站公告，对注册人及使用人均具有"根本法"的效力。需要强调的是，地理标志商标实行"强制许可"制度，即符合《地理标志证明商标使用管理规则》规定条件的主体均有权申请使用，注册人不得拒绝。然而，在实际操作中，部分代理机构在提交申请文件时仅套用固定格式，满足形式要求，忽略了对管理制度的深度理解。

鉴于《地理标志证明商标使用管理规则》作为使用人的行为准则，其制定与修改均需通过商标局的严格审查与公告程序，流程相对烦琐，因此，地理标志证明商标注册人（实际管理者）应务必聘请专业机构进行制度设计，以确保规则的科学性与有效性。此外，从产业长远发展的视角出发，地理标志商标的常规管理虽主要依托商标许可使用规则，但亦需适时融入其他类型知识产权的管理规范，以构建更加全面、系统的管理体系。

三、地理标志管理体系的建立

地理标志管理是一项复杂的系统工程，它不仅依赖于国家层面的法律法规及规章制度的支持，同时也要求权利人与管理人共同制定并执行相应的管理规范。近年来，地方政府亦积极投身于地理标志管理的立法工作之中（图3-1），旨在通过地方立法构建完善的管理体系，明确市场监督部门与其他相关部门的职责分工,并清晰界定政府与协会(管理人)在地理标志管理中的具体职责。

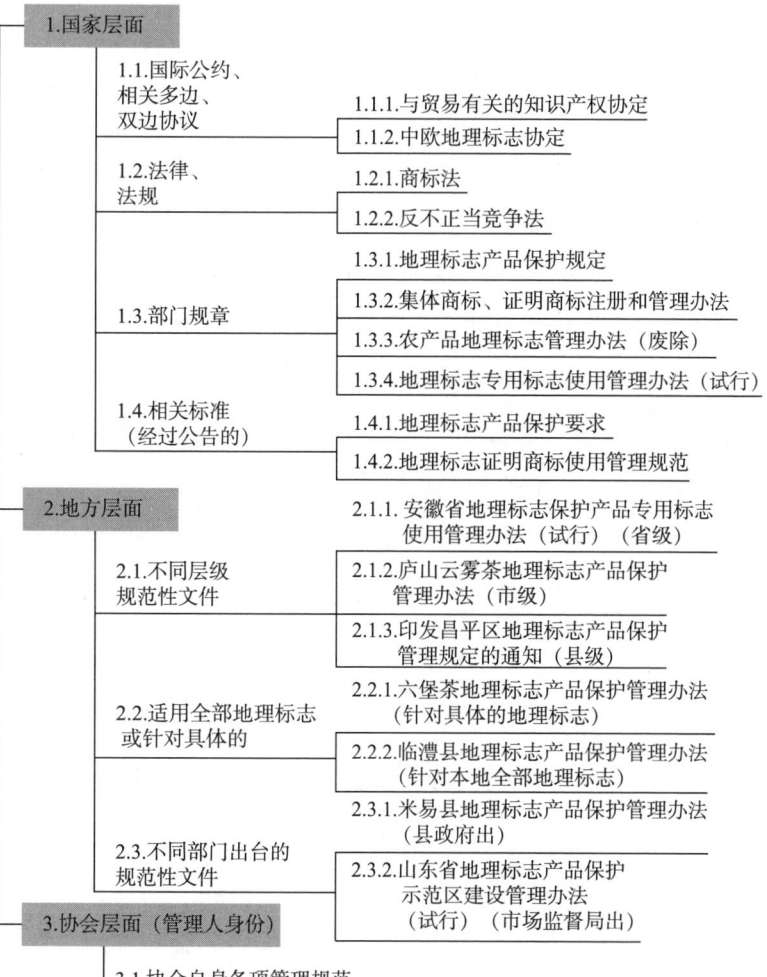

图 3-1　我国地理标志管理制度架构

在此过程中，专业律师的参与已成为不可或缺的一环，他们协助制定规范性文件，为立法工作提供法律支持与指导。作为此领域的专家，笔者曾多次受邀为地方地理标志立法提供咨询服务，助力其科学、合理的制定相关法规。以广东茂名市为例，该市在立法过程中便聘请了专业律师全程参与，共同起草了《茂名市化橘红保护条例》，为当地地理标志产品的保护与管理提供了坚实的法律保障。

鉴于工作需求，笔者对地理标志地方立法进行了全面深入的调研，并细致研读了相关的地方规范性文件。综合观察，地理标志在地方层面的立法展现出显著的多元化特征。具体而言，从立法层级上，从省级至地市级，再到县级各级地方政府广泛参与；在适用范围上，既有适用于当地所有地理标志产品的普遍性立法，也有针对特定地理标志产品的专门性立法；从发布单位来看，存在以当地地方政府名义发布的，也有由当地市场监督管理局或知识产权局等具体部门发布的情形；就立法内容而言，地理标志地方立法主要聚焦于地理标志专用标志的管理，并围绕其使用延伸至相关领域的规范。

第三节　地方政府对地理标志的管理

一、地方政府对地理标志产业的管理

湖南华容县拥有超过 1500 年的芥菜种植历史，是全国范围内芥菜种植面积最广阔的县，当地常年从事芥菜种植、加工及销售领域的人员规模达到十万人之众。该县利用当地芥菜腌制的酸菜，被誉为"华容芥菜"。

"华容芥菜"2013年获得地理标志证明商标注册，其综合年产值已逼近百亿元大关。在2022年度的"3·15"消费者权益日专题报道中，"华容芥菜"因涉及土坑腌制等不符合规范的操作而被公开揭露。这一事件凸显了地方政府在地理标志产业监管方面所存在的问题。地理标志证明商标"华容芥菜"其权利主体明确为华容县食品行业协会。依据《集体商标、证明商标注册和管理办法》的相关规定，地理标志证明商标的权利人负有对该商标使用及产品质量的严格管理与控制责任。因此，华容县食品行业协会在"华容芥菜"的管理上负有一定责任。

地理标志产品管理的关键在于保持和维护其特定质量，其一般都有配套的质量标准，必须遵守严格的生产工艺。在《"华容芥菜"地理标志证明商标使用管理规则》（简称《"华容芥菜"管理规则》）中，第七条明确规定了腌制"华容芥菜"所必需的设施条件，包括盐渍池、土窖、薄膜、食盐及乳酸菌剂等。值得注意的是，此处的"土窖"虽在一般民众认知中可能被视为简单的土坑，但在规则中有明确的定义和用途。因此，任何未能按照规则要求，特别是未使用"土窖"进行腌制的"华容芥菜"，均被视为违反规则，从而构成假冒产品。"华容芥菜"所采用的"土窖腌制法"涉及在当地挖掘土坑，以塑料薄膜作为底层铺垫，随后将芥菜置于坑中，并添加盐等调味品进行腌制。腌制完成后再以塑料薄膜覆盖坑口，以此方式制作酸菜等食品。实际上，"土窖腌制法"存在亚硝酸盐含量超标，腌制过程中盐水渗入土壤，对环境造成污染，对耕地质量产生破坏等影响。在"华容芥菜"于2012年9月申请注册地理标志证明商标之时，该"土窖腌制法"已在部分地区遭到明确禁止。这就引出另一个值得深思的悖论，即传统食品需严格遵循其传统的加工工艺，而这一要求与现代理念之间可能产生一定的冲突。国际上也有观点认为，地理标志制度在某种程度上可能限制了传统产品的创新与发展。篇幅有限，这一学术性问题在此不做深入探讨。

　　地理标志产品的保护，既需维护其传统生产工艺的精髓，亦需确保其符合现代产品质量的严格标准。然而，众多传统食品在面临现代质量标准审视时往往力不从心，这无疑增加了地理标志产品质量管理的复杂性与挑战性，使其相较于一般工业产品的质量管理更为艰巨。以"土窖腌制"的"华容芥菜"为例，其并非直接由"土窖"步入市场，而是需经历一系列工厂后续加工的精细流程。《"华容芥菜"管理规则》对此加工链条进行了详尽而系统的阐述；芥菜在"土窖"中完成初步腌制后，将被移送至工厂，历经清洗、切碎、二次腌制、高温杀菌、分装及最终杀菌等多道工序的严格处理，方得以商品形态流通于市场。此加工过程中的每一环节均受到严格的法律法规与制度规范的约束。一旦产品质量未能达标，生产商将面临行政乃至刑事责任的追究。

　　从生产流程的视角审视，"华容芥菜"所遭遇的主要问题聚焦于腌制阶段，此环节也是确保其特定品质的关键。鉴于《"华容芥菜"管理规则》明确规定了土窖腌制方法，简单地废除该方法将构成对该规则的违背，并可能导致产品被认定为假冒产品。因此，当务之急是对《"华容芥菜"管理规则》进行修订，引入并确立除"土窖腌制"外的其他腌制方式。新修订的规则还需提交至商标局进行严格审查与核准后，方能正式生效。另一个解决方案是，借鉴其他地区的成功经验，将"华容芥菜"的腌制环节进行集约化管理，制定详尽的腌制加工标准，并依托技术手段实施腌制全过程的严密监控。同时，加强对相关从业人员的专业培训，以期最大限度减少腌制过程中的不合规操作。据相关报道，华容县已着手建立华容芥菜集中腌制区，此举标志着政府层面已正式开启对腌制环节的集中监管与引导，为问题的根本解决奠定了坚实基础。

　　近些年，我国地理标志的工作重心已正式由重申请转移至重管理。对地理标志的管理目前尚处于探索阶段，尤其是农产品的质量管理，其复杂程度远超普通工业产品，这主要归因于农产品产业链冗长且环节繁多。在此过程中，前端初级农产品的生产和中间半成品加工环节往往容易被忽视，任何一环的疏漏都可能导致产品质量不达标。鉴于地理标志产品的特殊性，部分地方已采取政府部门直接管理的模式，但鉴于参与者的广泛性与数量庞大（尤其是前端种植环节涉及千家万户），政府难以实现全流程、全覆盖的有效管理。在此，笔者建议应充分发挥行业协会的积极作用，切实起到监督管理作用，确保管理的系统性与规范性，制定详尽的管理规范体系，包括建立商标使用许可的申请、审查、审批等流程，以及完善的质量管理制度。同时，政府相关部门应履行其质量监督管理职能，与行业协会紧密合作，制定针对种植与加工的技术规范及相应的质量标准，以全面保障地理标志证明商标的品质与声誉。

最后，笔者建议各地政府应积极推广并应用地理标志专用标志。地理标志专用标志在引导消费者购买决策时，其影响力远超企业商标、品牌及产品价格本身，对于提升产品销量具有显著效果。政府也可充分利用大数据分析及监管码技术，将地理标志专用标志与溯源码相结合，构建全面的产品监管体系。一旦企业产品出现质量问题，监管码能够在后台实现动态管理，确保及时、有效的监管措施得以实施，从而维护消费者权益，促进市场健康发展。

综上，地理标志产品的质量管理是一项高度专业化、系统性的工程，它不但要求管理者深入掌握农业产业知识、熟悉地理标志制度，还要了解相关产品质量法规等。地方政府还需不断加强相关知识的学习和培训，与地理标志的权利主体携手合作，理顺管理架构，构建完善的管理体系，并引入先进技术手段，以确保产品质量，从而维护地理标志作为区域特色产品的金字招牌。

二、地方职能部门对假冒地理标志产品的行政处罚

对于涉及假冒地理标志注册商标的案件，权利人有权基于商标侵权的理由提起诉讼。同时，行政机关亦有权依据商标法的相关规定，对商标侵权行为进行行政查处。然而，针对假冒地理标志产品名称的违法行为应如何实施处罚措施，目前确实存在部分行政执法单位在实际操作中感到困惑与无所适从。

我们来看一个案例："马坝油粘米"2004年9月获得国家地理标志产品保护。2021年4月，广东省韶关市曲江区市场监督管理局接到举报，称广东、江西、湖北、湖南等地多家企业涉嫌假冒使用"马坝油粘米"地理标志产品名称，在淘宝、京东、阿里巴巴等电商平台上进行销售。曲江区市场监督管理局将相关情况上报韶关市市场监督管理局。在国家知识产权局指导下，广东省知识产权局组织开展专题研究。广东省知识产权局分别于2021年5月31日、6月15日向广州市、佛山市和江西、湖北、湖南知识产权和市场监督管理部门移送涉嫌违规生产市场主体的线索。江西、湖北、湖南等地省级知识产权局及时向当事人所在县（区）移交案件材料，指导案件查办。各地市场监督管理局依据《中华人民共和国产品质量法》第五十三条、《中华人民共和国食品安全法》第一百二十五条、《中华人民共和国反不正当竞争法》第十八条和《地理标志产品保护规定》第二十四条等规定，责令相关当事人立即改正违法行为，并处没收违法产品××袋（箱、包），包装袋××个，没收违法所得××元，罚款××元。[1]

---

[1] 易继明.广东省知识产权局与江西、湖北、湖南知识产权部门联动查处擅自使用"马坎油粘米"地理标志产品多标系列案 [N].中国知识产权报，2022-04-27.

"马坝油粘米"案是典型的由国家知识产权局指导，广东省知识产权局牵头，多地协同处理的假冒地理标志产品行政处罚案件，该案件的处理结果对涉地理标志产品的行政执法类案件有借鉴和指导意义。

三、委托第三方管理

对于地理标志管理领域内所存在的诸多问题，各地政府正积极致力于探索并实施有效的解决策略。其中，知识产权委托管理作为一项重要举措，已被部分地方政府采纳实施。例如，江西南丰县政府通过授权管理的方式，将地理标志"南丰蜜桔"的管理权委托给专业单位进行管理。此外，也有地理标志直接委托当地龙头企业进行托管的实践。

随着地理标志产品产业逐步崛起为地方经济的核心支柱，地方政府往往会增强监管力度，以维护其重要地位。然而，鉴于地理标志作为一项新兴的制度，其管理体系与运营机制尚需进一步健全，政府的行政监管能力或难以全面覆盖所有方面。因此，基于"专业分工，高效执行"的原则，地方政府可以考虑审慎引入外部专家作为咨询顾问或将地理标志商标的管理权交由具备专业能力的机构负责，以充分利用其专业优势，实施有效的地理标志管理，从而规避地理标志商标可能面临的"公地悲剧"风险。这些专业的第三方机构由于与地理标志无直接经济利益纠葛，能够秉持中立与公正的原则，制定并执行相关规定，同时担任裁决者的角色，确保管理过程的公正性与客观性。

第四章 协会如何管理地理标志

"重注册、轻使用，注而不用、用而不管、管而不畅"，揭示了当前部分地理标志管理的普遍状态。在优化地理标志管理体系的进程中，首要任务是明确管理主体。协会组织作为地理标志的主要申请方及实际管理者，其作用至关重要。本章将具体以地理标志商标管理为例，详细阐述协会管理地理标志的策略与实践。

第一节 协会如何构建地理标志管理机构

在我国地理标志管理领域，以协会为主体申请地理标志商标并担任管理角色的比例长期保持较高水平（图4-1），2013年达到峰值。尽管这一比例2014年起逐年呈现下降趋势，但从全局视角审视，协会依然是地理标志管理的核心主体。这一事实引出了本节将要探讨的议题：协会如何妥善管理与维护其注册申请的地理标志商标。

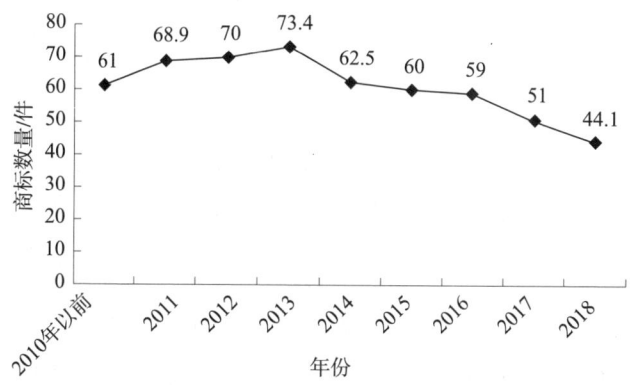

图 4-1 协会作为申请人申请地理标志商标数量占比

一、协会如何树立地理标志管理地位

（一）协会管理地理标志的法律依据

在成功获得地理标志后，原申请地理标志的主体即"申请人"，其角色发生根本性转变，需承担起地理标志的相应管理职责，并随之在称谓上也有所调整。依据《地理标志产品保护规定实施细则》（试行）的相关规定，申请机构在地理标志获批后将转化为管理机构。此外，《集体商标、证明商标注册和管理规定》也明确指出，地理标志完成注册流程后，原先的申请人将正式成为注册人。

（二）协会如何适应地理标志管理角色

总体来看，民间性质的协会因其广泛代表本地从事地理标志产业的单位，更适宜担任地理标志管理主体的角色。但从实践出发，部分协会基于申请地理标志之目的而成立，仅满足了一般协会的设立标准，此类协会在地理标志管理方面存在先天性的不足，亟须进行必要的改造与完善，以适应地理标志管理的角色。

1. 扩大会员群

成立协会时，会员人数达标是一项必要条件，而地理标志协会的设立多集中于县级区域。在县域层面筹建协会，会员人数的征集往往是极大的挑战。另外，部分协会存在会员构成单一的问题，主要集中于发起人单位的员工及其亲友，这种结构难以充分代表广泛利益，进而在地理标志的管理过程中可能引发公信力质疑。因此，为提升协会的代表性与公信力，有必要积极拓宽会员招募范围，特别是要吸纳本地从事地理标志相关产业的各类单位成为会员。

鉴于县域内新申请地理标志产业的企业数量有限，甚至可能仅有一家，这在一定程度上限制了会员的多元化发展。为克服这一局限，协会可考虑将目光投向产业链的上下游企业，以扩大会员基础。以江西省的地理标志产品"弋阳年糕"为例，该产品依赖于特定的原材料——弋阳大禾谷米，因此，协会可积极邀请上游的种植合作社加入，以增强原材料供应端的代表性。同时，与"弋阳年糕"产业紧密相关的设计、包装、农资供应等配套服务企业也应进入招募视野，以构建一个覆盖产业链各环节的会员体系。通过这样的布局，会员之间将形成紧密的产业集群效应，彼此间互为客户、相互配套、相互依存，共同推动产业的繁荣发展，实现利益共享与共赢。

2. 设立常务管理机构

一些地理标志协会在机构设置上存在简化与不健全的问题，仅设立了会员代表大会作为核心机构。该代表大会通常每年召开一次，但由于其民间性质，对会员的约束力和吸引力相对较弱，导致组织大会面临一定困难。此外，这些协会往往缺乏常设的日常管理机构，有的采用会长／理事长负责制，有的则实行秘书长负责制。鉴于地理标志协会涉及多方利益，将权力集中于单一个体并不适宜。为此，建议地理标志协会设立常务理事会，这一机构类似于公司的董事会，旨在通过集体决策来避免个人独裁及利益独占现象。常务理事会的召开机制相对灵活，其成员构成精英化、代表性强，且人数适中，便于召集。一般而言，常务理事会可由5至7人组成，对于规模较大的协会，可适当增加至9人。鉴于地理标志管理涵盖法律、种植、加工等多个领域，协会还应增设专家委员会，以加强与外部专家及专业服务机构的合作，提升协会在相关领域的管理能力和专业水平。

3. 建立公平公正的管理规则

确保地理标志协会的稳健运营实属不易，首要之务在于秉持宽广的视野与博大的胸襟，恪守公平与公正的原则，积极倡导实践共享精神，如此方能赢得广泛的社会认同，促进公众的积极参与，从而达到争取更多外部资源、拓展协会发展空间的目的。此外，建立健全的管理机制亦是不可或缺的一环，它能够有效保障协会运营的规范性与高效性。

在实际操作中，某些地理标志协会的成立，由行业内的龙头企业主导并推动。有些龙头企业可能因视地理标志为其辛勤申请所得，而不愿与他方共享成果，进而对其他申请使用者的准入设置诸多障碍与限制。地理标志管理规则中设定的门槛虽在表面上符合情理且理由充分，但实质上常被视作"利己条款"，即仅服务于某一企业的独占利益。此等做法显然有失妥当，因地理标志本质上系产业之标识，其发展与繁荣依赖于多方共同的努力与贡献，若排斥其他符合规定条件的主体使用地理标志，则难免引发垄断之嫌，难以通过法律层面的严格审查。地理标志商标作为知识产权的一种，依法具备可转让性。若因不当行为引发广泛不满，甚至可能面临被

"国有化"或强制转让给其他主体的风险，届时，协会或将失去对地理标志的管理权限，此乃得不偿失之举。事实上，地理标志商标权利主体发生变更的案例在现实中已不乏先例。

基于此，我们再次强烈建议，在制定地理标志使用的准入门槛及管理规范时，务必秉持公平、公正之原则，以确保其公信力与权威性，进而赢得其他使用者的广泛认可与自愿遵守。

二、协会如何设置地理标志管理机构

地理标志管理首先要建立管理机构。下面以协会为注册人的地理标志商标为例，简要介绍地理标志商标的管理。

（一）管理机构及职责

作为地理标志的管理者，协会普遍规模较小，组织结构相对简约，有的协会仅基于会员管理的需求构建基础的组织架构，并未设立专门的地理标志管理部门。本节以笔者曾任顾问的九江市茶叶产业协会为例，围绕地理商标管理，秉持节约资源、充分利用既有架构的原则，阐述地理标志管理机构的构建模式及其职能分配。

1. 秘书处（商标管理办公室）

九江市茶叶产业协会已正式成立商标管理办公室，其核心职责聚焦于"庐山云雾茶"证明商标的授权使用与管理工作。该办公室的日常运作及职责履行暂由秘书处代为执行，秘书长亦兼任管理办公室主任一职，以确保商标管理工作的顺利进行与高效运作。

秘书处的主要职责如下：

①承担商标许可管理的日常事务。具体包括但不限于接收并审核申请许可使用证明商标的材料，并进行初步的书面审查，确保材料的完整性和合规性。

②负责办理许可使用的各项手续，并对相关文件进行妥善的归档与存档，以保证信息的完整性和可追溯性。

③建立与被许可使用人的日常沟通机制，及时传达协会的各项管理决策和信息，同时收集并反馈许可使用人的意见和建议，促进双方的互动与协作。

④对以地理标志注册的集体商标、证明商标的使用情况进行严密的监控。一旦发现侵权或不规范使用的情况，立即向协会报告，以便及时采取措施，维护商标权益的合法性和严肃性。

⑤积极对外联络相关的中介服务机构，协助办理各种维权法律手续，并提供所需的证据材料，为维权工作提供有力支持。

⑥持续收集地理标志相关的政策、会展等信息，关注行业动态。同时，了解其他协会的管理模式，为协会的决策提供参考和借鉴。

2. 理事会（审批机关）

理事会作为协会的日常管理机构，在"庐山云雾茶"证明商标许可使用的管理流程中，承担着审批的核心职能。在条件允许的情况下，理事会可下设审查委员会，该委员会成员需涵盖茶叶科研、种植、加工等多个领域的专家，确保每位专家在审查过程中均能独立、客观地发表专业见解。

理事会的具体职责明确如下：

①负责全面审查并决定是否批准地理标志证明商标的许可使用申请；

②组织或指派（若设有审查委员会，则由该委员会负责）专业人员深入茶叶种植园及生产单位进行现场考察，基于考察结果对申请人的茶叶种

植面积、生产能力等关键数据编制详尽的考察报告，并据此提出是否同意许可使用的初步评估意见；

③以正式会议的形式综合审议并作出是否许可使用地理标志证明商标的最终决议；

④不定期对申请人的茶叶种植、加工及销售情况进行随机抽查与监督，以确保许可使用的规范性和有效性。

3. 会长

作为协会的法定代表人，会长承担着对地理标志证明商标使用许可的最终审批职责。

具体而言，会长的职责包括：

①审批职责。需对理事会提交的同意许可使用地理标志证明商标的文件进行认真审查，并在确认无误后签发相应的许可证。

②否决权。若认为申请人的申请存在不足或需要进一步核实，会长有权否决该申请，并要求申请人补充相关材料或进行额外的核查。这一步骤旨在确保地理标志证明商标的使用许可过程严谨、公正，并符合相关法律法规及协会规定。

三、协会如何建立地理标志管理模式

（一）建立管理制度

1. 制定各种管理规范

协会作为民间组织，其对会员的管理严格遵循协会章程及相关规章制度，而对地理标志的管理则依据专门的地理标志管理制度执行。在地理标志管理方面，协会需要保持中立，致力于通过制定一系列管理规范，依托制度化的管理手段，确保管理的公正性和有效性得到执行。

以九江市茶叶产业协会地理标志商标管理手册为例，其内容结构严谨、条理清晰，主要包含以下六个部分，以供相关机构参考借鉴。

①管理规则。该部分详细阐述了包括官方批准的地理标志证明商标使用管理规则在内的各项管理规定，为地理标志商标的规范化使用提供制度保障。

②管理制度。该部分汇集了协会自行制定的各项管理制度，旨在通过制度建设，进一步规范协会对地理标志商标的日常管理工作。

③许可使用商标文件。该部分集中展示了与许可使用地理标志商标相关的各项文件，明确了许可使用的条件、程序及要求，保障了地理标志商标使用的合法性和规范性。

④审批与签发文件。该部分详细记录了协会在审批和签发商标许可使用过程中的各项文件，确保了审批程序的透明性和公正性。

⑤合作协议。该部分涵盖了协会与质量检测、包装印制等第三方机构签订的与地理标志管理相关的合作协议，通过合作机制的建立强化了地理标志管理的专业性和有效性。

⑥附录部分。该部分提供了地理标志的质量标准、种植加工技术规范等附加信息，为地理标志商标的保护和管理提供了重要的技术支撑和参考依据。

2.管理文件的生效

在协会的管理体系中，无论是针对会员的监管还是地理标志的管理，均严格遵循既定的制度与规范框架。这些管理规范系由协会内部自行制定，以确保管理的系统性和有效性。

管理文件的制定需经过会员代表大会的审慎审议与表决，待决议通过后，方可在指定日期或经过一段合理的时间后正式生效。此举旨在确保管理文件的合法性与权威性，同时也体现了民主决策的原则。值得注意的是，部分协会在规章制度制定完成后，存在直接将其作为管理依据而未经充分公示与说明的情况，或是仅以通知形式简单发布文件，这种做法在一定程度上削弱了文件的法律效力，导致文件在执行力上存在瑕疵，难以获得会员的广泛认可与自觉遵守，进而对协会的管理权威产生不利影响。

综上，协会在制定并发布管理文件时，应更加注重程序的合法性与透明度，确保文件内容的严谨性与合理性，并通过多种渠道进行充分宣传与解释，以提高会员对管理文件的认知度与接受度，从而维护协会的管理权威与公信力。

（二）制定审批流程

在成功构建管理机构并确立审批体系的基础上，需进一步细化地理标志使用许可的审批流程，确保流程的严谨性、公正性与效率。以九江市茶叶产业协会地理标志商标许可使用审批流程为例，具体内容如下。

（1）申请提交阶段。申请人需向九江市茶叶产业协会秘书处正式提交书面申请，并依规定附上全部所需书面材料，材料份数至少为三份，以供存档与流转使用。

（2）初步审查阶段。秘书处在接收到完整申请材料后的十五个工作日内，完成材料的书面审查工作。若申请材料符合既定标准与要求，则将被呈报至协会理事会进行进一步审批；若不符合，秘书处将直接驳回申请，并向申请人说明具体理由；若需补充材料，秘书处将及时通知申请人补交。

（3）深入审核阶段。经秘书处初步审核通过后，符合条件的申请材料将被转交至理事会进行审批。理事会在收到材料后的十五个工作日内将委派专门的审查小组对申请人进行实地与现场的深入考察。原则上，审查小组需在十五个工作日内向理事会提交详尽的考察报告，并就是否同意申请人的许可使用申请提出具体建议。

（4）决策与通知阶段。理事会将在定期会议或临时召开的理事会会议上，对是否批准地理标志使用许可进行审议，并作出最终决定。决议结果将在七个工作日内交由会长进行签批。签批完成后，秘书处将负责通知申请人前来办理相关许可使用手续。

（5）复议处理阶段。若理事会决定不同意许可使用申请，秘书处将依据理事会意见向申请人出具书面拒绝文件，并告知其有权向××县/市××局提出复议申请。关于复议的具体要求与程序，申请人需参照××局的相关规定执行。原则上，九江市茶叶产业协会将尊重并接受××局对于复议申请的最终处理意见。

（三）用知识产权许可使用规则进行管理

地理标志作为一种重要的知识产权形式，其证明商标隶属于商标体系，并享有成熟的管理体系。相较于普通商标，证明商标具有显著的独特性，即其注册人自身不得使用，仅可授权他人使用。一旦证明商标获得授权，申请人的角色便转变为注册人（管理者）。

地理标志证明商标的管理遵循商标许可使用管理的原则，其核心在于双方签署的证明商标许可使用协议。该协议基于平等原则构建，若协议内容存在模糊或遗漏之处，将导致管理上的疏漏，进而可能引发行政处罚。因此，精心制作证明商标许可使用协议显得尤为重要。

除证明商标许可使用协议，管理人还需依据《证明商标使用管理规则》对证明商标进行管理。该规则对于使用者而言，具有类似于"法律"的约束力，要求各方依法行事、依法处理争议。管理人则扮演裁判角色，负责评判使用者的行为是否符合规范，并依据规范制定相应处罚措施。为确保裁判的公正性与专业性，管理者需具备相应的专业技能与知识。值得注意的是，证明商标实行"强制许可"，即任何符合《证明商标使用管理规则》规定条件的主体，均有权申请使用该商标，注册人无权拒绝。然而，在实际操作中，部分地理标志证明商标在申请过程中存在只满足形式、套用文件格式、制度制定不严谨等问题。鉴于《证明商标使用管理规则》对于使用者的行为具有规范作用，其制定与修改均需经过商标局的严格审查与公告程序，流程相对烦琐。因此，建议证明商标注册人邀请专业机构及人士参与规则的设计与优化。

此外，从产业长远发展的角度出发，地理标志证明商标的管理还需融入其他知识产权元素，借鉴并引入其他类型知识产权的管理规则，以构建更为完善、全面的管理体系。

第二节　地理标志商标及包装物管理

地理标志产品的管理依赖于各项标准的制定和执行，而地理标志商标的管理则侧重于对商标使用的有效监管或控制，并对地理标志专用标志使用人的行为实施严格监督。

一、地理标志商标的许可管理

作为权利主体的地理标志商标注册人，具有授权符合条件者使用其地理标志商标的权利。而欲申请使用地理标志专用标志的被许可使用人，需首先完成商标使用许可手续的办理，并确保该手续已在国家知识产权局商标局备案，此为必要的前置条件。

（一）许可的条件

《集体商标、证明商标注册和管理办法》第十六条规定："凡符合证明商标使用管理规则规定条件的，在履行该证明商标使用管理规则规定的手续后，可以使用该证明商标，注册人不得拒绝办理手续。"

在申请集体商标或证明商标时，均须提交一份《××商标使用管理规则》，该规则详尽地界定了被许可使用人的资格标准。以地理标志商标"庐山云雾茶"为例，其保护范围被精确界定为涵盖特定的12个乡镇，即仅在此范围内的茶叶生产企业或单位方有资格申请获得地理标志证明商标的许可使用权。此外，地理标志还设定了严格的加工工艺与质量标准，唯有满足这些要求的茶叶产品生产者，方有资格申请使用地理标志。

相较于普通商标，地理标志商标许可使用的决定权完全掌握在商标权利人手中，许可使用受到更为严格的约束。原则上，只要符合既定条件就必须授权许可使用，地理标志商标注册人在此方面并无任意性。

（二）需办理的手续

依据《集体商标、证明商标注册和管理办法》的相关规定，对于地理标志商标的许可使用，注册人需与被许可方正式签署《商标使用许可协议》，并向其颁发《证明商标使用证》。此外，注册人还须在协议签订后的一年内向国家知识产权局商标局提交备案申请，以确保商标使用的合法性与规范性。

（三）管理职责

根据2003年《集体商标、证明商标注册和管理办法》第二十一条之规定："集体商标、证明商标注册人没有对该商标的使用进行有效管理或者控制，致使该商标使用的商品达不到其使用管理规则的要求，对消费者造成损害的，由工商行政管理部门责令限期改正；拒不改正的，处以违法所得三倍以下的罚款，但最高不超过三万元；没有违法所得的，处以一万元以下的罚款。"此条款强调了对地理标志商标使用进行必要管控的重要性，因管控不力可能面临法律处罚。

而2024年起实施的《集体商标、证明商标注册和管理规定》中虽未直接规定处罚措施，但第二十六条明确指出，若注册人因懈怠行使权利而导致集体商标、证明商标演变为核定使用商品的通用名称，或无正当理由连续三年以上未使用该商标，任何人均有权依据《商标法》第四十九条之规定，申请撤销该注册商标。这一变动虽未直接设定罚款，但商标被撤销的后果同样重大，对地理标志商标的保护与管理提出了更高的要求。

二、地理标志商标标识的使用管理

（一）规范设计与使用

在涉及地理标志产业的庞大体系中，可能涵盖成百上千家甚至更多的企业，这些企业往往各自独立设计产品包装，导致市场上的产品包装呈现多样化的特点。为维护地理标志品牌的纯正性与防止假冒，对带有地理标志证明商标标识的包装物进行统一规范化处理显得尤为重要。为此，有些注册人发布包装物设计的推荐模板，以供被许可企业参照选用。这些推荐模板强调将证明商标标识显著地置于包装物或标贴的右上角或左上角位置，同时需满足美学原则，确保颜色色值、元素间距等符合既定的设计要求。

对于已拥有自身注册商标的被许可企业，鼓励采用企业商标与地理标志证明商标相结合的组合使用方式。具体而言，即在包装物上同时展示带有地理标志证明商标的标识与被许可人自有商标，以此彰显产品的双重认证与品质保障。

（二）严格管控地理标志商标标识

以笔者参与九江市茶叶产业协会制定的地理标志商标管理制度为例。任何人使用地理标志商标"庐山云雾茶"必须经过权利人九江市茶叶产业协会的许可，否则不得将地理标志商标"庐山云雾茶"作为商品的名称使用，一经发现则视为商标侵权行为，协会将依法追究其法律责任。被许可人不得将带有地理标志证明商标标识的包装物使用在非《庐山云雾茶证明商标使用管理规则》划定的保护区之外的茶叶产品上；禁止被许可人以转让、馈赠、借用等方式将"庐山云雾茶"商标标识给第三方使用，否则视为商标侵权行为，协会将依法追究法律责任。协会对带有地理标志商标标识包装物使用情况进行经常性的监督检查，对检查中发现的违反相关法律和规定的，协会将提请有关部门进行扣押、封存，并依法进行处理。被许可人将带有地理标志商标标识包装物给第三方使用的，一经发现，则取消授权，收回《"庐山云雾茶"证明商标许可使用证》并追究法律责任。

九江市茶叶产业协会鼓励社会各界有权对违反本规则的行为进行投诉举报，或者直接向协会举报，同时，协会对在地理标志证明商标标识及包装物管理工作中作出突出贡献的单位和个人进行奖励。

三、包装物印制管理

对地理标志专用标志包装物及其标贴的严格管理与控制至关重要。标贴具有广泛的适用性，能够直接贴附于各类包装物之上，通常由管理人、注册者或持证人自行寻求合作机构进行印制，并依据既定规范分发给获准使用者。此种模式下，标贴的管理职责直接归属于管理人，简化了操作流程，从而提升了管控效率。然而，鉴于标贴需直接贴附于包装物表面，其在美观性及其他设计考量上难免受到一定限制。相比之下，将专用标志直接印制于包装物之上的管理方式，则面临更为复杂的挑战。

九江市茶叶产业协会已正式出台《商标及专用标志印制管理办法》，该办法历经九江市茶叶产业协会会员代表大会的审慎审议并获得通过，现已正式颁布实施。

（一）建立包装物印制管理制度

地理标志商标的管理人可采取对外招标方式，选定若干印制厂家，并向其颁发印制许可证。被许可人在制作带有地理标志证明商标标识的包装物时，原则上需遵循管理人的指定，选择许可的印制厂家进行制作。未经管理人明确许可，任何单位或个人均不得擅自印制此类包装物，亦不得印制与之相似度较高的商标标识、文字或图案的包装物。

在实际操作中，鉴于被许可人在设计包装物时可能存在的商标标识不规范问题，管理人将实施严格的审核制度，针对所有带有地理标志证明商标标识的包装物（含标贴）进行细致审查。被许可人如需委托印制此类包装物，必须事先向管理人提交申请，并将设计稿呈交审核与备案。管理人经审核确认无误后，将在设计稿上加盖公章以示批准，并颁发《印制许可证》。同时，管理人将依据被许可人的实际生产量，合理核定包装物的印制数量，严禁超出实际使用量的印制行为。此外，为确保管理的规范性与透明度，管理人将建立健全台账制度，对带有地理标志证明商标标识的包装物印制情况进行详尽登记与备案。

（二）包装设计标准化

统一地理标志产品的包装对产品的销售具有显著的促进作用。以享有地理标志证明商标的"西湖龙井"为例。由于当前市面上西湖龙井茶产品外包装形式各异，辨识度不高，假冒伪劣"西湖龙井"产品严重损害了西湖龙井品牌价值和消费者的合法权益。而通过推行茶农统一包装，避免市场无标销售行为，激活销售"西湖龙井"的中高端市场，也规范了"西湖龙井"茶农散户的市场标准；推行茶企统一包装可以提高中小茶企的"西湖龙井"产品辨识度和市场知名度，更好地帮助中小企业发展。为此，杭州市西湖龙井茶管理协会经过设计方案公开征集和三轮社会公众投票评选，遴选出两套主题贴切、特色鲜明的西湖龙井茶统一包装，使其成为原产地保护的有力手段，让"西湖龙井"这块金字招牌更加闪亮。2020年10月10日上午，杭州市西湖龙井茶管理协会正式发布西湖龙井茶统一包装。该包装的出炉是在产地证明标识的基础上给"西湖龙井"增加的又一道"身份保障"。西湖龙井茶统一包装分为两款。其中，"最杭州，更国际"系列被选为茶农用统一包装。在这款设计中，三潭印月石塔和西湖边的群山形象是杭州的典型象征，也是西湖龙井茶原产地的地理标识。"西湖龙井"作为杭州的特产，可以成为"最杭州"的代表。"西湖龙井"也在新时代走向了更加广阔的国际市场。设计师把茶叶嫩芽时的嫩绿、采摘时的纯绿和后期的深绿，以及充满阳光和茶香的茶山"白绿"合并在一起放在了"西湖龙井"的新包装上，通过色彩的更迭更好地体现了"龙井茶"的生长过程（图4-2）。

>> 地理标志管理实务

图 4-2　茶农用西湖龙井统一包装

另外一款"最山水，更意境"系列设计用于茶企用统一包装。在该款的瓷罐和铁罐造型上，立体呈现了断桥、三潭印月等杭州元素，凸显了西湖概念和人文美学，使其与其他品类茶叶包装的区别清晰可辨（图 4-3）。

图 4-3　茶企用西湖龙井统一包装

（三）逐步统一包装

企业在推广地理标志品牌时，各自采用不同包装将严重阻碍消费者对产品的认知与辨识，进而不利于品牌的广泛传播。同一产品若存在多种包装，也易使消费者在选择时感到迷茫与困惑。

此外，采用统一包装策略能显著节约包装成本。以笔者个人经历为例，在集体订购长期供应蔬菜时，对于包装箱的选择，邮局通用箱每个成本仅为 2 元，而定制箱则高达 5 元，如果统一包装批量生产则在成本节约上有巨大潜力。再以茶叶包装为例，单个礼盒包装的成本可能高达数十元，对于规模较小的茶叶企业而言，由于单次印制量有限，如仅有几百个，包装印制的固定费用将占据较大比例。通过与印制企业沟通得知，若进行大批量印制，每个包装的成本可降低约 7 元，总成本节省幅度可达 20% 左右，可直接转化为企业的额外收益。

1. 统一包装的难点

在地理标志产品的包装问题上，政府和地理标志管理方普遍倾向于统一包装，这一立场主要基于管理便利性的考量。然而，从企业的视角出发，鉴于各自独特的品牌价值和个性化需求，多数企业更倾向于自主设计并制作具有鲜明特色的包装。值得注意的是，部分地理标志产品通过构建生产者、销售者乃至整个产业链上下游的企业联合体，成功实现了包装的统一化，有效规避了相关争议。在深圳的实地调研中，笔者也观察到类似现象，即某一地理标志产品的生产与销售被整合至单一企业之下，从而实现了包装的标准化。然而，就中国地理标志产业的整体格局而言，其显著特征在于多元企业的广泛参与。在此情境下，多数企业均倾向于在包装上彰显自身品牌特色及企业形象，以强化市场辨识度。深圳作为经济发达地区，其农业生产模式已初步展现出向单一企业集中的趋势。但放眼全国，生产者之间的紧密融合尚需时日。市场上虽不乏统一包装的实践案例，这些包装多由专业包装公司统一制作，尤其适用于果蔬类产品等广泛领域。然而，此类通用包装往往缺乏生产者名称、联系地址等关键信息，这在法律层面引发了流通环节的合规性问题。特别是那些尚未建立自身品牌的合作社、家庭农场等，更倾向于采用此类通用包装。

综上所述，统一包装面临两大核心难题：一是法律层面对于产品包装上必须标注的生产者名称、地址等信息的缺失；二是企业个性化包装需求与通用包装标准化要求之间的冲突。这两大难题共同构成了推动地理标志产品包装统一化进程中的关键挑战。

2. 如何统一包装

包装的统一性涵盖两大核心方面：一是包装设计的统一，即视觉识别的标准化；二是印制过程的统一。

当前，多个地区与产业均致力于实现包装设计的统一性，如九江市茶叶产业协会对"庐山云雾茶"的包装提出了明确的元素要求，"西湖龙井"则设计了多样化的包装规格供企业选用，"保靖黄金茶"亦发布了统一的包装袋样式。这些均属于视觉识别统一的具体实践。

针对统一包装印制过程所面临的挑战，笔者与包装行业的负责人进行了深入交流。他们表示，实现包装印制的统一是可行的，并提供了具体的实施方案。首先，应确立统一的规格标准，制定若干通用的包装尺寸，这一举措易于被各方接受且实施难度较低。在此基础上，针对每个规格进行统一的视觉设计，以确保视觉识别的连贯性，进而实现批量印制，显著降低印制成本。同时，针对企业个性化需求的问题，包装行业也提出了灵活的解决方案：包装（无论是盒装还是袋装）均留有设计空间，可设计统一的样式并印制通用内容，而特定区域则留白，以供企业根据自身需求进行个性化印制。个性化印制可采用丝网印刷、烫金等低成本技术实现，既满足了企业的个性化需求，又保持了整体包装的统一性。

综上所述，地理标志产品的统一包装需充分考量企业的实际需求，在统一性与个性化之间寻求合理的平衡点，以确保该举措能够稳步推进并得到有效实施。

第三节　产品质量管理及其他管理

《集体商标、证明商标注册和管理规定》第十一条规定："集体商标、证明商标注册人应当实施下列行为，履行商标管理职责，保证商品品质……。"这条规定表明地理标志商标注册人有产品质量管理的职责。

一、质量管理

地理标志凭借其独特的品质特征赢得了消费者的信赖，其质量保障构成了地理标志存在与发展的基石。无论是地理标志产品本身，还是其对应的商标，均遵循着严格的质量标准体系。

笔者担任九江市茶叶产业协会顾问期间，有幸在庐山品茗了多家茶庄所产的地理标志产品——"庐山云雾茶"。随后，在北京虽也品尝到了名为"庐山云雾茶"的饮品，但其风味却与庐山所饮之茶大相径庭，这让笔者深感地理标志产品在品质上的显著差异。值得注意的是，部分地理标志产品的品质变化，仅凭消费者的视觉、嗅觉、味觉等感官体验即可轻易辨别。这一特性进一步凸显了质量管理在地理标志管理体系中的核心地位与关键作用。因此，加强地理标志产品的质量管理不仅是维护消费者权益的必要举措，也是促进地理标志产品持续健康发展的根本保障。

（一）现有品质的维护

在质量管理的范畴中，首要且核心的任务是确保并维持现有的产品品质。特别在农产品领域，其品质受多种因素共同影响，呈现出复杂多变的特点，品质控制面临诸多挑战。以葡萄酒为例，不同年份的葡萄酒品质参差不齐，正是源于各年份间气候条件的差异。然而，随着现代科技的飞速发展，农产品品质在多个维度上已实现了一定程度的可控性，包括但不限于品种的优选与加工环节的精细管理。尽管如此，仍有部分关键因素如气候条件等，目前尚难以通过人为手段进行全面而精准的干预。为了有效维护农产品的现有品质，核心策略在于实施标准化管理。具体而言，即将农产品的种植与加工过程全面纳入标准化体系之中，通过科学规范的流程与严格有效的管控措施，确保产品品质的持续稳定与提升。这一策略的实施不仅有助于提升农产品的市场竞争力，更是保障消费者权益、促进农业可持续发展的重要举措。

1. 种植环节

品种的选择直接决定了产品的品质。江西、湖南、湖北等地因各自独特的莲子品种，其口感差异显著。此外，肥料的选用也是影响口感的重要因素，采用有机肥种植的水果相较于化学肥料种植的水果，在口感上具有明显优势。同时，种植过程中的管理水平同样会对品质产生很大影响。即使是同一品种的莲子，在不同种植户的手中，因肥料施用与田间管理的差异，也能轻易区分出口感的细微差别。

鉴于我国小农经济的特性，农产品种植与生产多以家庭为单位进行，导致了产品品质的多样性与差异性。为提升种植环节的品质管理，首要任务是统一品种、肥料使用及田间管理标准，这些措施在实际操作中具备可行性。同时，地理标志产品的规范管理需依托完善的生产规程，如"庐山云雾茶"已制定的《庐山云雾茶种植技术规程》，为同类产品的品质管理提供了范例。在此基础上，还需加强技术规程的落实与监督，通过适当的监控手段确保种植过程符合既定标准。

2. 加工环节

在农产品的加工环节中，存在的挑战尤为显著，主要因为众多农产品仍由千家万户各自进行加工处理，导致品质管理难以维持在一个稳定且可控的水平。以笔者在江西石城对白莲加工情况的调研为例，当地农户普遍采用自采自加工的方式，从采摘莲子到剥壳、通芯，再到烘干或晒干，全程自行操作。在过去，为追求莲子外观的洁白度，曾有个别农户在烘干过程中添加违禁物质，此现象已受到当地政府部门的严格监管与整治。然而，面对千家万户各自为战的加工模式，实施有效的监督措施显得尤为艰难。值得庆幸的是，随着加工机械的日益普及，"石城白莲"的加工模式正逐步向集中化转变。农户们选择将莲子送至指定的加工点进行统一处理，这一举措不仅显著加强了质量监控的关键环节，还有效提升了加工成品的合格率。

此外，加工环节对产品品质的塑造具有至关重要的影响。以炒茶为例，不同炒茶师傅的技术水平直接决定了茶叶的最终品质，差异往往相当显著。炒茶工艺要求鲜叶在采摘后数小时内即进行加工，这一特性进一步增加了将鲜叶集中至某一企业进行统一加工的难度。为此，九江市茶叶产业协会特制定了《庐山云雾茶加工技术规程》，尽管炒茶师傅之间的技艺仍存差异，但该技术规程在很大程度上实现了加工工艺的标准化与统一化。

（二）品质的升级

随着时代的变迁，我们普遍感受到许多农产品的口感似乎不再如从前那般令人回味。这并非意味着它们的品质有所下降，而是由于我们现今品尝到更多美味佳肴，味蕾更加挑剔。在这样的背景下，即便是原本令人满意的水果、蔬菜等农产品，也可能被我们认为味道不如往昔。对于地理标志产品而言，在保持其独特品质的同时，亦需紧跟消费者口感的演变，进行必要的迭代升级。然而，这种升级过程与普通农产品的处理方式存在显著差异。具体而言，地理标志产品不能简单地通过引进优质新品种来替换原有品种。以江西的地理标志产品"南丰蜜桔"为例，尽管"红美人"等高品质品种在市场上备受青睐，但我们不能因此就全盘否定"南丰蜜桔"的独特价值，将其品种全部替换为"红美人"。按照地理标志制度的规则，"南丰蜜桔"的品种具有不可替代性。因此，在追求品质升级的过程中，我们应聚焦于对现有品种的改良与优化。例如，针对"南丰蜜桔"化渣性较差、影响口感的问题，我们可以通过技术手段进行改良，提高其化渣率，从而在不改变其品种特性的前提下，满足消费者日益提升的口感需求。

二、维权管理

地理标志作为一种区域品牌，其独特的属性能够显著提升产品的市场价值与销量。然而，受利益驱使，市场上涌现出大量假冒与仿冒地理标志的行为，这些行为对品牌构成了严重的损害。当消费者难以辨别真伪时，他们可能会误购仿冒产品，导致正规产品的市场需求下降，进而影响生产者的经济利益。目前，市场上地理标志的假冒与仿冒现象依然较为严峻。

（一）内部侵权

在地理标志的保护范畴中，存在一种较为隐蔽且不容忽视的侵权行为——内部侵权。尽管地理标志商标已合法授权给符合条件的生产单位使用，但此类侵权现象依然频发，其背后的逻辑似乎令人费解。实际上，地理标志商标的许可使用是基于一系列严格条件的，包括原材料来源于受保护产地、加工工艺符合特定要求及产品质量达标等，这些条件在商标许可使用合同中均有明确约定。然而，实践中却常见到诸如江西毛茶被大量采购至外地，并被冠以"××白茶"或"××茶"等名义销售的现象。此类将非地理标志划定区域内生产的茶叶产品擅自使用地理标志商标的行为，已构成商标侵权的一种典型形式。更为严重的是，外地同类产品在本地集散，冒充本地地理标志产品进行销售的行为，不仅扰乱了市场秩序，还严重损害了地理标志产品的声誉。此外，随着产品需求的激增，部分本地企业在追求利益最大化的过程中出现了加工偷工减料、以次充好等不当行为，甚至将地理标志商标错误地应用于不符合标准的产品之上。此类内部侵权行为相较外部侵权而言，危害程度往往更为深远且难以察觉。因此，对于此类内部侵权行为，必须采取更为严格和有效的管控措施，以确保地理标志产品的纯正品质和市场信誉不受侵害。

（二）外部侵权

非庐山云雾茶保护区内的生产者擅自采用"庐山云雾茶"这一地理标志商标，即属外部侵权行为。同样，地理标志"五常大米"的滥用现象严重，其销售量已严重超出了实际产量范畴。即便"阳澄湖"大闸蟹在防伪工作上投入了诸多努力，但仍难以彻底遏制假冒产品的涌现，假冒现象依旧猖獗。针对此类侵权行为，必须采取强有力的打击措施。回顾过去，知名服装品牌的市场退出与假冒产品的泛滥及打击力度的不足紧密相关。在茶叶销售领域，以往存在一种习惯做法：茶商采购散茶后，茶厂会配套提供包装盒。销售时，若消费者需要包装，茶商会现场进行包装。此流程中，茶厂难以有效监控茶商是否以次充好、包装内是否装入了非指定茶叶。一旦发生假冒行为，品牌受损的责任往往由茶厂承担。因此，地理标志管理机构应严格控制带有地理标志专用标志和商标的包装物外流，实行按需发放制度。

为有效防止外部侵权，一方面，需强化内部管理，坚决杜绝真包装用于假冒产品的现象；另一方面，应加大对市场的监控力度，一旦发现侵权假冒行为，应立即采取相应措施，包括向市场监管部门投诉或委托律师进行法律维权。在此方面，"西湖龙井"与"库尔勒香梨"等品牌已展现出较为积极主动的打击侵权态度，值得借鉴与推广。

三、档案资料的管理

笔者曾在与几位地理标志管理者的交流中了解到，他们面临一个共同的问题，即地理标志相关的资料遗失严重，甚至包括地理标志商标注册证书及申请材料等关键文件也存在保存不善的问题。为了有效提升地理标志管理的质量，首要任务是加强档案管理的规范化与系统化。将档案依据不同的管理领域进行细致分类，并为每一类别分别设立独立的文件夹。以下将详细阐述地理标志档案管理的具体方法。

（一）协会及会员档案管理

1. 协会档案管理

在申请成立协会的过程中，需要详尽地提交一系列文件材料，以确保其合法性和规范性。一般而言，普通协会的成立均需包含以下核心文件：首先是协会的章程，它作为协会运作的基本规则和指导原则；其次是会员资料，详细记录了会员的基本信息及参与情况；再次是需明确会长及理事会或者副会长的名单，以确保协会领导层的构成和职责划分；最后是准备各种需签字、盖章的文件，以验证文件的真实性和有效性。这些文件均需按照相关规定进行备案，以便后续的管理和监督。

2. 会员档案管理

会员加入协会应遵循一系列必要流程，并提交相关文件资料。具体而言，每位会员均需提供身份证明文件（包括个人身份证或单位相关登记证），以及正式的入会申请书。此外，还需填写并提交会员登记簿，该登记簿应详尽记录会员名称、住所、法定代表人、联系方式及入会时间等关键信息，且需以纸质形式及 Excel 或其他电子格式各准备一份。若协会会员数量众多，建议分别建立独立文件夹以便管理。

协会在组织各类会议（如会员代表大会、理事会等）时，务必做好详尽的记录工作，并要求相关人员签字确认。同时，会议记录及所通过的各项决议均需妥善备案归档，以确保信息的可追溯性与可查阅性。

（二）地理标志申请文件的归档

地理标志的申请文件部分由中介机构代为准备，部分则由政府临时组建的小组负责申报。实际操作中存在很多因地理标志管理人员未能妥善保存相关材料，导致申请文件不完整，甚至包括批准证书在内的关键文件也遗失。更为严重的是，公告文件与原始申请文件之间存在差异，这些修改往往由代理机构在申请过程中擅自进行，而申请人对此一无所知。

为确保申请档案的完整性和准确性，建议将所有申请材料的最终定稿、修订稿和申请过程中的会议记录等详尽资料纳入档案管理范畴。最终定稿的申请材料应统一装订成册，并制作多份备份以供留存。同时，官方颁发的证书等重要文件亦需妥善收藏，建议与申请材料一同存放于专用文件夹内，以便日后查阅与核实。

（三）许可档案管理

地理标志商标许可及地理标志专用标志许可的文档应由其注册人或持证人自行妥善保管，故对于相关的许可档案，必须严格执行归档程序并妥善保存，以确保其完整性和可追溯性。地理标志商标的许可使用程序要求被许可人提交详尽的材料，并需经过严格的审批流程。此外，还需完成商标许可的备案手续，这一过程中涉及的材料种类繁多，为确保管理的规范性和高效性，每个被许可人均需建立独立的档案记录。鉴于某些地理标志商标的被许可人数量可能超过百人，为便于后续的检索与管理，有必要对这些档案进行科学的分类存储。分类可依据时间顺序或被许可人的名称进行，以确保档案系统的条理性和实用性。

（四）地理标志管理文件

协会管理之核心在于规章制度之构建与执行。协会所制定的所有涉及地理标志管理的规章制度，均须经由会员代表大会或经其他合法形式决议通过，并需相关责任人员签署确认，随后进行必要的备案程序。在实际操作中，若地理标志商标权利人拒绝授予许可，被许可方有权向当地市场监督管理局提出申诉。市场监督管理局在作出裁决时应严格依据地理标志证明商标（或集体商标）的使用管理规范及相关管理文件的规定。因此，地理标志商标的注册人需向市场监督管理局提交一份详尽的管理文件以供备案。

当前，随着政府对地理标志扶持项目关注度的不断提升，地理标志管理制度已成为考核体系中不可或缺的一环。在此背景下，一份内容完整、体系健全的管理文件册将成为获得额外加分的关键要素。

(五) 其他档案管理

1. 商标标识使用台账

地理标志专用标志的使用，通常需由申请者自行向省级市场监督管理局提出正式申请。部分地理标志的管理机构为增强管理的规范性与透明度，已将地理标志专用标志与追溯体系相结合，采用标贴制度实施。在此制度下，地理标志专用标志的发放工作由管理机构负责执行，并要求管理机构必须建立健全的台账管理机制。台账需包含纸质版，并需相关人员签字确认，同时，也需建立相应的电子档案，以确保数据的全面、准确与可追溯。

2. 荣誉证书等

地理标志管理机构高度重视各类荣誉的获取与保管，对于所获得的荣誉证书、牌匾等，鉴于其在维权等关键领域的重要性，均需进行详尽的登记注册工作，并采取妥善措施加以保存。同时，为便于管理与使用，建议对所有荣誉证书及相关文件进行电子化处理，通过扫描技术建立电子档案。在此基础上，应进一步对电子文件进行系统化分类，并创建相应的文件夹进行存储。此举不仅有助于提升文件管理的效率与规范性，还能确保在需要时能够迅速检索、调阅及转发相关文件，极大地便利了日常工作的开展。

第四节　协会如何解决经费问题

协会作为民间非营利性组织，其运营资金并不依赖于商业经营活动所得，而是主要源自会员缴纳的会费。然而，根据笔者的深入调研与分析，发现协会在会费收取方面面临挑战，具体表现为会员在初次入会时缴纳会费，后续年度往往未能按时续缴，导致会费收入难以持续稳定。

此外，尽管部分协会每年能够获得来自政府的少量经费支持，但这一资金来源相对有限，难以完全满足协会日常运营及发展的资金需求。因此，单纯依赖会员会费及政府资助的经费模式很可能导致协会在财务上陷入困境。协会亟须探索并开拓多元化的经费来源渠道，以确保其财务稳健，为会员提供更加优质的服务，并推动协会事业的持续繁荣与发展。

一、收取地理标志许可使用费

1. 地理标志商标可以收取使用许可费

《集体商标、证明商标注册和管理规定》第十二条规定："为管理和运用集体商标、证明商标的需要，注册人可以向集体成员、使用人收取合理费用，收费金额、缴纳方式、缴纳期限应当基于公平合理原则协商确定并予以公开。"该规定正式确立了地理标志商标注册人拥有收取合理费用的权利。以地理标志证明商标"化橘红"为例，《"化橘红"地理标志证明商标使用管理规则》中的第十一条，明确规定必须缴纳商标许可使用费。此外，该规则在后续条款中进一步指出，除商标许可使用费外，还可收取管理费，并对管理费的具体用途给予清晰且明确的界定。

我国知名品牌"恒源祥"的主要收入来源之一为品牌许可使用费。该品牌年销售额稳定在约 50 亿元，恒源祥集团有限公司通常按照产品销售价格的 6% 来计收商标许可使用费。据此计算，恒源祥仅通过商标许可使用费每年即可获得数亿元的收入。2019 年赣州市脐橙产业集群总产值达到 132 亿元，其中鲜果销售收入占据主要部分，达到 70.1 亿元。❶若参照恒源祥的比例收取商标许可费，那么从鲜果销售中最高可获得的商标许可使用费将高达 4.2 亿元，这无疑是一笔可观的收入。然而，考虑到地理标志产品多为农产品，其利润空间本就有限，因此按销售价格的 6% 收取商标许可费可能显得偏高。若将比例降低至 1%，则赣南脐橙鲜果销售一年的商标许可使用费仍可达到 0.7 亿元。

地理标志产品本身便具有品牌效益，受到地理标志保护后，农产品往往能够实现溢价销售。通过科学的管理、精心的品牌打造，地理标志商标的溢价能力将进一步增强，从而促使使用者更加愿意支付商标许可使用费。在国际惯例中，知识产权的许可使用费通常按照溢价部分的 25% 来计收，因此，地理标志商标的许可使用费具有很大的空间。

2. 其他知识产权许可使用费

从知识产权的角度来看，地理标志除了商标许可使用费外，还包含其他多种收费渠道，如专利费。在此，仅对专利收费途径进行简要概述。

根据收集的数据，我们发现地理标志证明商标中高达 92.8% 的注册均集中在农产品相关类别，特别是第 31 类农产品占据主导地位。地理标志产品通常具有传统和特色属性，这些特点虽然独特，但也伴随着显著的发展瓶颈，限制了产业的进一步扩张。例如，江西瑞昌县的地理标志产品"瑞昌山药"就面临土地资源稀缺的难题，种植过山药的土地在 5 年内无

---

❶ 数据来源：赣州市政府官方网站，http://www.gnzhou.gov.cn/zfxxgk/c100459rf/2020-02/19/content_f3b69e1d01f94753dc5bcd1f596f.shtml。

法再次种植，导致产能难以提升。同样，江西玉山县的地理标志产品"玉山黑猪"则因体型小、屠宰率低而成本高昂，产业化进程受阻。针对这些问题，现代技术革新的应用显得尤为重要。协会可以通过对外开展技术合作取得专利所有权，并许可他人使用，从而收取专利费用。

此外，农产品包装的重要性日益凸显，市场上各种包装样式层出不穷。消费者往往对产品的第一印象极为重视，良好的包装设计能够赋予产品高档的质感，进而激发消费者的购买意愿和支付意愿。然而，从整体来看，多数农产品包装在图文设计上缺乏美感，忽视了消费者的体验与感受，缺乏人文关怀。因此，包装设计是提升产品价值的一种直接、简单且成本较低的方式。协会可以统一进行包装设计，不仅能够降低成本，还能塑造统一的市场形象。同时，包装设计既享有著作权，也可申请外观专利，这些知识产权均可通过许可使用实现收费，为协会带来额外的收入来源。

综上所述，知识产权的合理利用不仅能够提升产品的溢价能力和销售量，还能在消费者获得额外收益的同时促进其对知识产权费用的积极支付，不失为一项有效解决协会经费短缺问题的措施。

二、通过地理标志质押融资

我国知识产权（尤其是专利与商标）质押贷款业务已历经多年发展，地理标志商标质押贷款也在众多省份展开试点，并成功实现了贷款发放，如"新会陈皮"地理标志商标获得 6 亿元贷款，"广昌白莲"地理标志商标则获得 1 亿元贷款。地理标志商标质押贷款的操作模式主要遵循以下流程：银行对所有获得授权的企业进行全面的资信调查，并基于评估结果给予每家企业相应的授信额度。随后，地理标志商标的权利人将该商标质押给银行，以此作为在总额度内的质押担保，此举极大地拓宽了企业的融资渠道。值得注意的是，由于此类贷款具有政策性支持，政府会提供贴息，从而降低了企业的融资成本。

此外，我国已在知识产权证券化领域取得了成功。地理标志商标的证券化模式为地理标志产业解决资金短缺问题提供了有效途径。关于地理标志金融部分的讨论，我们将在第七章深入展开。

三、积极申请政府项目

地理标志产业往往具备庞大的经济规模，动辄达到数十亿元乃至上百亿元的产值，对于县域经济而言，无疑是支柱性的存在。然而，由于自然环境因素的限制，大多数地理标志产业难以实现大规模扩张，其在当地GDP中的占比相对较低，因此可能未能获得政府的高度重视。

虽然地理标志产业在没有政府直接支持的情况下，依然有可能实现自我发展。但是鉴于地理标志的公共属性，其管理权实质上源自政府的授权，若缺乏政府的支持，管理工作可能会面临诸多挑战，甚至难以有效实施。相反，若政府能够积极参与资源配置，为地理标志产业提供必要的支持和引导，那么该产业的发展将会更加顺利。因此，在推动地理标志产业发展的过程中，政府的角色至关重要。从产业链的视角审视，地理标志能够有效促进上下游的联动发展，推动就业市场的繁荣，并对贫困人口实施有效帮扶，所以地理标志的推广与应用不仅能够显著提升地方经济的整体GDP水平，还易于培育形成具有鲜明地方特色的产业体系，这正是地方政府所关注的焦点与兴趣所在。因此，地理标志协会应积极发挥主观能动性，主动配合并协助政府进行相关项目的申请工作，共同推动地方经济社会的全面发展。

第五章 地理标志专用标志的使用管理

地理标志产品以其独特的质量和声誉，显著区别于同类产品。在市场环境中，如何有效区分地理标志产品与普通产品成为关键问题。为解决这一问题，地理标志设有专用标志，企业可通过使用该标志来清晰地与同类产品进行区别。因此，政府主管部门将地理标志专用标志的使用与推广视为工作的核心要点，并作为地理标志管理工作的起始环节。本章旨在简要阐述地理标志专用标志的申请流程与使用规范。

第一节 如何申请使用地理标志专用标志

一、地理标志专用标志介绍

（一）欧盟的地理标志专用标志

欧盟地理标志专用标志，如图5-1、图5-2所示。

第五章　地理标志专用标志的使用管理

图 5-1　欧盟受保护的原产地名称专用标志　图 5-2　欧盟受保护的地理标志专用标志

（二）中国的地理标志专用标志

1. 原地理标志产品专用标志

2005 年 10 月 21 日，国家质量监督检验检疫总局在 2005 年第 151 号公告发布地理标志产品专用标志。2006 年 8 月 1 日发布 2006 年第 109 号公告《关于发布地理标志产品专用标志比例图的公告》，对地理标志产品专用标志比例图及其说明予以公告。

2. 原地理标志商标专用标志

2007 年 1 月 24 日，国家工商行政管理总局工商标字〔2007〕15 号《地理标志产品专用标志管理办法》发布了地理标志商标的专用标志（图 5-3）。

3. 新的地理标志专用标志

2020 年 4 月 3 日，国家知识产权局公告第 354 号废除了国家质量监督检验检疫总局地理标志产品专用标志和国家工商行政管理总局地理标志商标专用标志，地理标志产品和地理标志商标统一启用新的标志，即"红标"（图 5-4）。

>> 地理标志管理实务

图 5-3 原地理标志商标专用标志

图 5-4 地理标志专用标志

二、申请使用地理标志专用标志的条件

根据《地理标志产品保护办法》第二条第（二）项的规定："本办法所标地理标志产品，是指产自特定地域，所具有的质量、声誉或者其他特性本质上取决于该产地的自然因素、人文因素的产品。地理标志产品包括：（二）原材料全部来自本地区或者部分来自其他地区，并在本地区按照特定工艺生产和加工的产品。"这句话蕴含的信息量颇为丰富，涵盖了三大关键要素：首先，原材料必须全部或主体部分源自受保护的地域范围内；其次，产品的生产需严格遵循该地区特有的工艺流程；最后，从生产到加工的每一个环节均需在受保护的地域内完成。我国对地理标志专用标志的申请与使用设置了较为严苛的标准，仅当产品全面符合上述三项条件时，方有资格提出使用地理标志专用标志的申请。

《集体商标、证明商标注册和管理规定》第五条第二款第（二）项规定："（二）该商品的特定质量、信誉或者其他特征主要由该地理标志所标示地区的自然因素或者人文因素所决定。"根据该条款的规定，若产品为初级农产品，则其必须在指定的保护区域内进行种植或养殖；若产品为加工农产品，则视为其原料必须源自该保护范围。笔者认为，此类加工农产品的生产加工过程亦应局限于保护区域内进行。针对地理标志商标的情形，若将源自保护范围的原材料转移至保护范围外进行生产加工，关于其是否仍具备申请地理标志专用标志的资格，尚需相关主管部门给出明确的权威解答。

三、如何申请使用地理标志专用标志

（一）如何申请使用地理标志专用商标

自 2018 年机构改革以来，国家质量监督检验检疫总局和国家工商行政管理总局的部分职责已整合并入国家知识产权局。依据改革后的规定，地理标志产品需采用由国家知识产权局统一发布并管理的地理标志专用标志作为新的官方标识。此地理标志专用标志具备官方性质，国家知识产权局负责统一制定发布"红标"使用管理要求，组织实施"红标"使用监督管理申请。2020 年 4 月，国家知识产权局发布《关于做好地理标志专用标志使用管理有关工作的通知》第一条规定："……属于《办法》第五条第一项、第二项、第三项适用情形的，各省级知识产权管理部门可通过地理标志保护资源普查账号登录国家知识产权局地理标志保护数据管理系统下载专用标志矢量图，监督印制地理标志专用标志，并负责专用标志的发放、使用和监督。"由上可知，国家知识产权局已将"红标"申请使用的审批权限下放至各省知识产权管理部门。

1. 需要准备的材料

申请者需要符合一些基本条件才能申请使用"红标"。企业申请使用"红标"要准备以下材料：①申请使用专用标志人的主体资格证明（营业执照等）。②地理标志商标注册证（包括商标注册证及审定公告）。③该地理标志遵循的标准（包括国家标准、地方标准、团体标准和行业标准）。④如果地理标志注册的是集体商标，申请使用的企业需要提供自己是注册人集体成员的材料。如果地理标志注册的是证明商标，申请使用的企业需要提供被许可使用证明商标及备案的材料（注册商标许可备案公告或商标使用许可备案通知书）。

地理标志商标必须先办理使用许可备案，商标许可备案从材料递交之日起，2～3月就可以收到使用许可备案通知书。

2. 申请途径

企业自行向省知识产权局提出使用地理标志专用标志的申请。因为一些材料需要注册人提供，也可以统一由地理标志注册人（协会）协助办理。审核通过后，国家知识产权局会分配一个下载口令，企业进入国家知识产权局网站点击"地理标志专用标志下载"按键打开页面，并在页面中的对话框内对应填写企业的信用代码及口令后即可以启动下载（图 5-5）。

图 5-5　地理标志专用标志下载页面
备注：下载的图片是 SVG 格式，有的电脑可能打不开。

四、非生产企业如何申请使用地理标志专用标志

在各大电商平台中时有发现假冒地理标志产品的现象。当权利人进行维权时往往会将电商平台列为共同被告，促使平台方面采取更为谨慎的态度，并委托第三方进行严格的核查工作。这些第三方机构对申请企业进行认真核查，以确保平台上的商品符合相关法规要求。对于未获得授权的地理标志产品，它们无法在平台上进行销售。因此一些企业采取不正当手段，伪造授权书和权利人单位的公章，试图规避这一规定。然而，他们可能并未意识到，这样的行为实际上是为自己制造了一个巨大的麻烦。根据《中华人民共和国刑法》第二百八十条第二款的规定，伪造公司、企业、事业单位、人民团体的印章的行为，将受到三年以下有期徒刑、拘役、管制或者剥夺政治权利，并处罚金的刑事处罚。在此笔者强调，销售地理标志产品必须遵循法律法规，否则可能会因侵权行为而面临诉讼。同时，擅自伪造授权书并可能涉嫌伪造公章罪，将受到刑事处罚。

地理标志商标的授权具有严格的限制条件，原则上只有位于保护范围内的单位才能获得使用许可。那么，对于保护范围外的单位来说，如何合法地销售地理标志产品呢？以下是几种合法的做法：一是代销，即代理销售已获得合法授权单位的产品；二是代工，如果企业希望打造自己的品牌，可以选择与有合法授权的企业进行合作，进行代工生产。此外，企业还可以在保护范围内成立新的企业，并在符合授权条件后向权利人申请授权。上述途径均为合法销售地理标志产品的有效方式，企业可根据自身实际情况进行选择。

五、使用地理标志专用标志是否收费

（一）法律规定

关于使用地理标志专用标志是否需要支付费用，《地理标志专用标志使用管理办法（试行）》并未对使用地理标志专用标志设置任何收费条款。因此，官方在地理标志专用标志的使用上不会收取任何形式的费用。

（二）现实中的操作

理论上，地理标志管理者对于地理标志专用标志的标贴，必须实施严格的管理措施，严禁使用者擅自印制。统一印制的标贴费用因地区而异，存在显著差异，从几分钱到几毛钱不等，具体费用可依据使用数量、管理成本等因素综合考量。新标志使用管理办法出台后，依据国家知识产权局的相关规定，地理标志专用标志必须与地理标志产品名称（含批准文号）或商标（含注册商标号）共同使用，这导致标贴内容有所增加。部分地区甚至将追溯码、监管码等信息也纳入标贴之中，使单个标贴可能包含三个以上的元素，面积相应扩大，印制成本也随之增加。此外，每个地理标志专用标志均标注了使用者的社会信用代码，确保了企业标贴独特性的同时也增加了印制与管理的成本。

使用地理标志专用标志本身即伴随着一定的成本支出。对于某些地理标志专用标志而言，其使用量极为庞大，如福建的"平和蜜柚"，政府要求每一枚蜜柚均使用地理标志专用标志，导致一年内的使用量超过十几亿枚，费用颇为可观。在此情况下，是否应向使用者收取费用？如何收费？收费标准如何确定？笔者通过检索发现，《"南丰蜜桔"证明商标使用管理规则》对使用证明商标标贴的收费问题作出了明确规定："……使用者需缴纳许可使用费及相关管理费……"这表明地理标志管理方是允许并规范此类收费的。

1. 收费标准

以"南丰蜜桔"地理标志专用标志为例。《"南丰蜜桔"证明商标使用管理规则》中的收费标准规定如下：①贴在包装箱上的标贴，每一枚 0.4 元；②贴在单个橘子上的标贴，每一枚 0.015 元。

2. 收费用途

关于使用地理标志专用标志收费的议题，势必会引出一个关键问题，即费用的具体构成及用途如何界定。《"南丰蜜桔"证明商标使用管理规则》中已作出明确规定，所收取的管理费用主要用于以下几个方面：一是证明商标的印制工本费；二是针对产品进行质量检测及监督小组人员所提供的岗位补贴；三是检测所需仪器的购置与维护费用；四是柑橘中心商标办工作人员的薪酬支出；五是工作人员因公产生的差旅费及交通费；六是日常办公费用及会务活动的相关开销。此外，值得注意的是，《"南丰蜜桔"证明商标使用管理规则》还采取了一种较为普遍的做法，即将与地理标志管理相关的费用纳入专用标贴的费用之中，这种做法在部分地方或管理机构中亦有所体现，即将管理费用与标贴费用进行捆绑处理。

第二节　如何规范使用地理标志专用标志

规范使用地理标志专用标志，对于保障消费者权益、维护市场秩序和促进地方经济健康发展具有不可忽视的重要意义。本节我们将就如何遵循规定合理使用地理标志专用标志展开深入探讨。

一、专用标志的使用现状

地理标志专用标志作为国家赋予产品的一种正式认可与信誉保障，其背后蕴含着深厚的荣誉与公信力。理论上，企业应当积极展示这一标志，以此作为提升产品形象及市场竞争力的有效手段。然而，现实情况却与预期有所出入，众多商超内贴附地理标志专用标志的产品出现频率较低，这一现象所折射出的问题值得我们深入关注与探讨。

（一）市场考察情况

1. 使用范围小

笔者对北京某大型连锁超市进行了全面考察，深入考察了各类商品，并特别针对地理标志专用标志的使用情况进行了详细调研。在该超市广阔的空间内，理论上应存在大量地理标志产品，但实际情况却令人意外，仅在超市中发现一种产品——来自湖北的"蔡甸莲藕"明确使用了地理标志专用标志。鉴于超市销售的商品种类多达万余种，而使用地理标志专用标志的商品占比却不足万分之一，这一数据清晰地反映出地理标志专用标志在商品中的使用率很低。

"涪陵榨菜"是很著名的地理标志产品，2000年4月获得地理标志证明商标注册（图5-6）。重庆市涪陵区使用"涪陵榨菜"地理标志商标的企业达24家，"涪陵榨菜"地理标志商标涵盖的榨菜商标达68件。2020年，"涪陵榨菜"地理标志产品实现销售收入43.5亿元。❶

---

❶ 资料来源：涪陵区知识产权局发布的文章《涪陵榨菜：持之以恒推动品牌建设高质量助力产业振兴》，2024年4月2日。

第五章 地理标志专用标志的使用管理

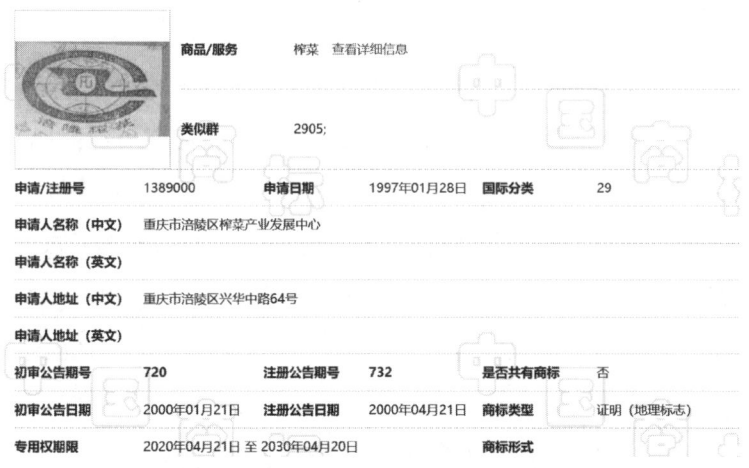

图 5-6 涪陵榨菜地理标志证明商标注册信息

"乌江"牌"涪陵榨菜"大家很熟悉，其生产商也是著名的生产企业重庆涪陵榨菜股份有限公司。但是袋装"乌江"榨菜包装上只能看到"乌江"商标，却找不到地理标志专用标志，也没有使用证明商标"涪陵榨菜"（图 5-7）❶。

图 5-7 "乌江"牌"涪陵榨菜"外包装

---

❶ 图片来自重庆市涪陵榨菜集团股份有限公司官方网站，https://www.flzc.com/。

2. 使用不规范

笔者曾经在各类农产品展会进行深入观察，并对地理标志专用标志的使用情况进行了调研。总体而言，地理标志专用标志的使用率显著偏低，且普遍存在使用不规范的问题。在展馆中，各企业对地理标志专用标志的使用显得较为随意。具体而言，部分企业存在新旧地理标志专用标志混用的情况；有些企业在使用地理标志专用标志时，未按规定标注企业的信用代码；部分地理标志专用标志未与证明商标或地理标志产品名称同时呈现；更有甚者，未标注注册商标号或地理标志产品的批准文号等关键信息。尽管国家针对地理标志专用标志的使用方式已有明确规定，但不同企业在同一地理标志上的使用方式却大相径庭，甚至同一企业内部、不同包装上的使用方式也缺乏一致性。这充分表明，当前地理标志专用标志的使用尚未实现规范化管理，亟须引起重视并加以改进。

可喜的是，笔者还是能观察到一些相对规范的使用案例，经询问得知，这些案例均是由专业服务机构协助制作的。由此可知，专业服务机构的介入对于推动地理标志专用标志的规范化使用起到了积极作用。

（二）企业为何对使用专用标志积极性不高

在"三品一标"（绿色食品、有机食品、无公害农产品及地理标志产品）体系内，前三者的使用普及程度远高于地理标志专用标志。公众对绿色、有机、无公害食品的专属标识认知度较高，而对地理标志专用标志则显得较为陌生。

针对地理标志专用标志使用率低的现象，一项针对生产销售端的调查结果揭示，高达44.8%的受访对象表示，其是否申请使用地理标志专用标志将依据政策导向而定。众多销售端企业反馈，消费者对地理标志的认知度有限，且关注度不高，因此，即便使用地理标志，对实际销售量的提振作用亦不明显。进一步询问企业关于标注地理标志专用标志对生产销售的影响时，企业普遍反映消费者对此类标志的认可度较低，多数消费者对其含义及所属企业均不甚了解。基于过往为地理标志权利人设计管理制度及开展相关培训的经验，我们归纳出企业使用地理标志专用标志积极性不高的四大原因，具体如下。

①申请流程烦琐。企业需向国家知识产权局提交申请，若涉及地理标志商标，还需先行向商标局申请使用许可备案，此过程涉及多次材料提交，且耗时较长。

②印制难度大。若选择将地理标志专用标志直接印制在包装上，则需等待现有包装耗尽后方可实施；若采用压敏胶黏剂（俗称"不干胶"）形式，尽管单个成本低廉，但鉴于企业年度使用量有限，印刷厂往往缺乏承接意愿。

③使用管理复杂。由于地理标志专用标志需标注企业的统一社会信用代码，导致每个企业的标志均具有唯一性，增加了印制与发放的复杂度，特别是向地处偏远地区企业分发不便。

④市场认可度不足。鉴于使用地理标志专用标志未能显著提升产品附加值或带来其他明显益处，企业往往缺乏采用的动力。

综上所述，地理标志在注册登记后遭遇冷落的主要原因在于：对地理标志及其专用标志的宣传推广力度不足，导致社会关注度不高，消费者认知有限，进而使企业难以从使用地理标志专用标志中获得实际回报。

二、如何规范使用地理标志专用标志

使用地理标志专用标志时需遵循既定的规定与准则，任何申请使用此标志的行为均须严格依照这些规定执行，以确保合规性。

(一)地理标志专用标志标示方法

《地理标志专用标志使用管理办法(试行)》第八条规定："地理标志专用标志合法使用人可采用的地理标志专用标志标示方法有：(一)采取直接贴附、刻印、烙印或者编织等方式将地理标志专用标志附着在产品本身、产品包装、容器、标签等上；(二)使用在产品附加标牌、产品说明书、介绍手册等上；(三)使用在广播、电视、公开发行的出版物等媒体上，包括以广告牌、邮寄广告或者其他广告方式为地理标志进行的广告宣传；(四)使用在展览会、博览会上，包括在展览会、博览会上提供的使用地理标志专用标志的印刷品及其他资料；(五)将地理标志专用标志使用于电子商务网站、微信、微信公众号、微博、二维码、手机应用程序等互联网载体上；(六)其他合乎法律法规规定的标示方法。"

(二)如何规范使用地理标志专用标志

1.地理标志专用标志的规范使用方式

根据国家知识产权局发布的《地理标志专用标志使用管理办法(试行)》的相关规定，使用地理标志专用标志的，应在地理标志专用标志的指定位置标注统一社会信用代码。地理标志专用标志矢量图可按比例缩放，标注应清晰可识，不得更改专用标志的图案形状、构成、文字字体、图文比例、色值等。在地理标志产品上使用地理标志专用标志的实例如图5-8所示。

第五章 地理标志专用标志的使用管理

图 5-8 在地理标志产品上使用地理标志专用标志

《地理标志专用标志使用管理办法（试行）》第六条第一款第（三）项规定："作为集体商标、证明商标注册的地理标志使用地理标志专用标志的，应同时使用地理标志专用标志和该集体商标或证明商标，并加注商标注册号。"以地理标志商标"庐山云雾茶"为例。"庐山云雾茶"证明商标基本图案包含"庐山云雾茶"五个繁体中文字加"庐山云雾"四个字的首个拼音字母"LSYW"加云雾绕山的图形三个元素，一个圆形的环线将三个元素包含在其中，以此构成的文字加图形的整体标识。商标标识基本组成色彩为 × 色（色值）和 × 色（色值）、× 色（色值）。商标标识图案如图 5-9 所示。

图 5-9 "庐山云雾茶"证明商标

"庐山云雾茶"证明商标标识和红标合用图样如图 5-10 所示。

图 5-10 "庐山云雾茶"证明商标标识和地理标志专用标志合用

2. 推荐使用方式

地理标志作为一种荣誉与身份的象征，其专用标志犹如一枚耀眼的勋章，佩戴时应确保其显著可见，以吸引更多的目光。在位置的选择上，地理标志专用标志应优先置于包装或标贴的最上方，无论是左侧、右侧还是中央位置，均应遵循醒目易见的原则；在色彩搭配上，需特别注重突出地理标志专用标志的鲜明度，确保其色彩鲜明、对比强烈；而在尺寸规格方面，亦应适当放大，以增强其视觉冲击力，确保其在整体设计中脱颖而出，成为引人注目的焦点。

（三）使用注意事项

使用地理标志专用标志时，必须严格遵守以下义务：①禁止在非保护区内的产品上或假冒本地生产的产品上使用地理标志专用标志，同时，确保产品原料均源自保护区内，不得从保护区外采购。②带有地理标志专用标志的包装物、标贴等物品，必须严格管理，严禁转借或提供给其他非授权方使用。③必须确保产品质量符合相关标准，维护地理标志产品的声誉和信誉。

根据《地理标志专用标志使用管理办法（试行）》第四条的规定："地理标志专用标志合法使用人应当遵循诚实信用原则，履行如下义务：（一）按照相关标准、管理规范和使用管理规则组织生产地理标志产品；（二）按照地理标志专用标志的使用要求，规范标示地理标志专用标志；（三）及时向社会公开并定期向所在地知识产权管理部门报送地理标志专用标志使用情况。"简言之，应严格遵守管理规范，正确使用标志，并按时汇报其使用情况。尽管这看似简单，但在实际操作中使用者往往容易在以下方面出现疏忽或错误。

①对于在非划定保护区内的产品上擅自使用地理标志专用标志的行为，若其使用数量超出实际生产能力，极易遭受举报或监控，一旦被查实，将面临严厉处罚。知识产权管理部门将立即停止其地理标志专用标志的使用资格，而一旦失去使用资格，则等同于在该产业中被淘汰出局。

②若加工、生产工艺未能严格遵循证明商标使用管理规则，即采用与规定不符的生产、加工方式，同样可能丧失地理标志专用标志的使用权。

三、地理标志专用标志的使用模式

在实践中，地理标志专用标志的印制通常采用两种主要模式。第一种模式为直接印制法，即将地理标志专用标志直接印制在包装物表面，随后将此类包装物分发给被许可的使用者，或授权其自行印制附带地理标志专用标志的包装材料。第二种模式为标贴应用，即将地理标志专用标志预先印制在独立的标贴上，之后将这些标贴分发给被许可的使用者（图5-11）。

此外，还存在一种结合使用的方式，即将直接印制与标贴应用相结合，这种混合模式在特定产品的标识上亦有应用，如香河韭菜的包装（图5-12）。

图 5-11 专用标志印制模式

图 5-12 专用标志粘贴使用方式

第三节　使用地理标志专用标志的注意事项

一、企业商标与地理标志专用标志如何同时使用

地理标志作为公共品牌，承载着特定地域的文化与产品特色，而商标则是企业自有品牌的标识，体现企业的独特性和市场形象。尽管两者性质不同，但企业在品牌建设过程中应寻求地理标志与企业自有商标的协同使用，以实现品牌价值的最大化。

（一）同时使用

我们可以去观察超市里的各种商品，不少商品同时使用了几个商标。

例如，冰露矿泉水这一产品，在市场推广中同时采用了"冰露"与"可口可乐"两个品牌标识（图 5-13）。尽管"冰露"品牌可能不为所有消费者所熟知，但"可口可乐"这一品牌标识却

图 5-13　冰露矿泉水同时使用几个注册商标

广泛被消费者所认知和信赖。通过将"冰露"矿泉水与"可口可乐"品牌标识相结合，消费者很自然地会将两者联系在一起，从而促使可口可乐的品牌影响力直接延伸至"冰露"矿泉水产品上。

类似地，地理标志与企业品牌并置使用亦能产生与"可口可乐"品牌相同的背书效应，即对产品的质量与信誉提供强有力的支持。具体而言，地理标志专用标志可与企业商标共同使用，此时企业商标得到地理标志专用标志的背书，从而进一步提升了企业品牌的品牌效益和市场认可度。

（二）如何联合使用

商标的使用应遵循醒目性原则，确保消费者能够轻松辨识。关于地理标志专用标志的常规要求，其应被置于产品包装及标贴等显著位置，具体可选择上部居左、居右或居中的布局，以确保其占据视觉焦点。若将企业商标与地理标志专用标志并列使用，可能导致多个标志相互挤压，增加消费者的辨识难度，反而会削弱企业商标的辨识度。因此，不建议将两者并排使用。为有效突出企业商标，企业可采取多种策略，包括但不限于调整颜色、字体、规格及摆放位置等，以强化商标的视觉冲击力。此过程涉及美术设计领域的专业知识，故建议企业寻求专业设计人员的协助，以确保包装物及标贴等设计既符合美学标准，又能有效传达企业品牌形象。

二、地理标志专用标志的使用冲突问题

2020年9月9日，中郡研究所正式发布的《第四次全国地理标志数量调研报告》明确指出，市场上存在682个产品同时注册登记为地理标志

商标与地理标志产品，这一数量占据了总数的 8.10%，即同一产品同时追求两种地理标志认证的现象较为普遍。值得注意的是，地理标志产品与地理标志商标分别隶属于不同的保护体系，由各自独立的部门进行审核与注册，这一现状不可避免地导致两者间存在一定的冲突与差异。具体而言，由于申请主体的不同和申请时间上的先后差异，同一产品在申请地理标志产品与地理标志商标时可能会面临不同的质量标准指标与保护范围。然而，在实际操作中，两者却统一使用同一地理标志专用标志，这一情况给实际操作带来了一定的困惑与挑战。

（一）地理标志产品与地理标志商标名称不一致怎么办？

部分地区的地理标志产品与对应的地理标志商标名称存在显著差异。例如，地理标志产品"小站稻米"的地理标志商标注册名称为"小站稻"，而"州河鲤"的地理标志商标注册名称为"州河鲤鱼"，"化橘红"的地理标志商标注册名称则为"化州橘红"。此类情况普遍表现为产品名称相近但具体称谓有所不同，这往往是历史上"搭便车"营销策略的遗留问题。然而，这种命名方式在市场中易引起混淆，使普通消费者难以区分，从而带来诸多不便。同时，同一产品拥有两个相似名称也对地理标志品牌的塑造与推广构成障碍，进而可能削弱相关产品的市场竞争力。

针对地理标志产品与地理标志商标名称不一致的问题，从市场角度出发，建议统一采用一个名称进行市场推广。在具体选择时，原则上推荐采用地理标志商标名称。理由如下：首先，地理标志商标作为商标的一种类型，享有完善的法律保护机制，其名称能得到更为有效的保护；其次，商标拥有成熟的许可使用规则，这有利于地理标志商标的规范管理和应用；最后，商标在商业领域常被视为品牌的象征，这与地方政府借助地理标志构建地方特色品牌形象的初衷高度契合。

第五章　地理标志专用标志的使用管理

（二）地理标志产品和地理标志商标的不统一导致地理标志专用标志使用问题

同一个产品，先后注册登记为地理标志商标与地理标志产品，由于不是同一个主体申请等原因造成保护范围和质量标准并不统一。例如，"南丰蜜桔"地理标志产品和地理标志商标的保护范围就不一致，这意味着两保护范围重合的地方可以同时以地理标志产品和地理标志商标的名义申请地理标志专用标志，保护范围不重合的地方只能以单一名义去申请地理标志专用标志。那么，保护范围重合的地方会因为地理标志产品和地理标志商标的质量标准不统一而产生选择困难。另外，地理标志产品和地理标志商标的申请在很多地区由市场监督管理局或知识产权局的不同机构进行审核，各部门要求提供的材料等也不一致。对于上述问题，笔者建议申请人主动向当地市场监督管理局或相关领域的专家寻求专业的指导和咨询，以便能够获取更为精确、全面的解决方案。

三、擅自使用地理标志专用标志的后果

《地理标志专用标志使用管理办法（试行）》第十条规定："对于未经公告擅自使用或伪造地理标志专用标志的；或者使用与地理标志专用标志相近、易产生误解的名称或标识及可能误导消费者的文字或图案标志，使消费者将该产品误认为地理标志的行为，知识产权管理部门及相关执法部门依照法律法规和相关规定进行调查处理。"

在实际工作过程中，笔者观察到某些不法商贩在互联网平台上公然提供非法售卖及定制地理标志专用标志的服务。针对此现象，笔者郑重提醒，地理标志专用标志是官方认证的标识，其使用受到严格的规范限制与

法律的严格保护，任何未经官方正式授权而擅自使用该标志的行为都将面临法律的严厉制裁。合法使用地理标志专用标志不仅是企业的法律责任，更是企业应尽的基本义务。事实上，申请使用该标志的门槛并不高，只要企业位于保护范围内，且其生产活动符合相关规范要求，基本满足使用条件，均可申请获得地理标志专用标志的使用权。更为重要的是，使用该标志是免费的，无须支付任何费用。鉴于合法使用的便捷性与正当性，各企业应更加自觉地抵制非法购买渠道，以免因一时之利而承担可能面临的法律风险。

第六章 地理标志助力乡村振兴

《国家乡村振兴战略规划》(以下简称《规划》)提出乡村振兴,产业兴旺是重点;乡村振兴,生活富裕是根本。地理标志产业是乡村振兴天然的载体,可以起到发展地方经济、带动农民致富的作用。《规划》是我国全面推进乡村振兴的指导性文件,旨在通过一系列政策措施促进农村经济、社会和生态的全面发展。《规划》明确提出要加大对地理标志的保护和开发力度,通过提升产品质量和品牌影响力,促进农民增收和农业产业升级。

地理标志的保护与发展不仅有助于传承和弘扬地方传统文化,还能带动乡村旅游、电商等新兴业态的发展,推动一、二、三产业融合,助力乡村振兴战略的实施。具体措施包括加强地理标志认证管理、提升品牌知名度、拓展销售渠道等,从而实现农村经济的多元化和可持续发展。本章将围绕《规划》提出的产业兴旺及生活富裕两个核心点介绍地理标志产业如何助力乡村振兴。

第一节 地理标志产业属性

地理标志具有显著的产业属性,表现为依托特定地域的自然资源和人文优势，通过标准化生产和品牌化经营，提升产品附加值，促进地方经济发展和农民增收，推动特色产业的形成和壮大。地理标志有严格的保护范围限制，其产品质量有严格的标准，不符合这个标准则不能以地理标志产品名义进入市场，这是地理标志产业的特殊之处。

一、地理标志产业受保护范围限制

当一个产品获得地理标志保护后，产业通常会出现兴旺的苗头。地方政府为了进一步推动产业发展，常常要求扩大产区面积。然而，地理标志产业具有严格的区域限制，这一特性在地理标志产品的保护和使用中尤为重要。

地理标志产品和地理标志商标的要求有所不同。地理标志商标对加工环节的要求较为宽松，允许其中一个环节在保护范围内即可。然而，地理标志产品的保护范围是明确的，在申请或注册时必须详细列出具体的乡镇名称。只有在保护区内生产的产品才能被称为地理标志产品，并使用地理标志专用标志，不在保护范围内的乡镇如果擅自使用地理标志名称或商标，极易被专业打假机构投诉或举报。

各地普遍倾向于打造工业园区，将相关企业集中到工业园区内。有些地理标志相关企业，其注册地址也被迁至工业园区内。然而，如果工业园区设在非保护范围内，则该园区生产的地理标志产品将不得使用该地理标志名称、商标和专用标志。这一问题在实际操作中已有先例。例如，庐山市将"庐山云雾茶"列为重要产业，并将一些规模较大的茶叶加工厂迁至工业园区。然而，该工业园区并不在"庐山云雾茶"的保护范围内。这导致了一个尴尬的局面：企业的注册信息和地理标志保护范围均可公开查询，若注册地为非保护区范围的企业贸然使用该地理标志名称、商标和专用标志，将面临被举报或者诉讼的风险。

鉴于地理标志产业受到保护范围的严格限制，因此不应为了提升产能盲目扩大产区，将农产品的生产扩大到保护区范围之外。此外，地方政府在打造地理标志产业园区时，应首先核实地理标志的保护范围，不要将园区设立在保护范围之外。这样既能确保地理标志产品的合法性和合规性，又能有效促进地理标志产业的健康可持续发展。

二、地理标志产业规划要以质量为主

地理标志产业规划应始终以质量为核心，确保产品的独特性和高品质。地理标志产品的价值在于其特定的产地和独特的生产工艺，因此，必须严格控制生产过程中的每一个环节，从原料选择到加工制作，都要符合高标准的质量要求。只有这样才能维护地理标志产品的品牌形象，提升消费者的信任度和满意度。此外，地方政府应加强对地理标志产品的监管，建立健全质量管理体系，确保产品质量始终如一。通过持续提升产品质量，地理标志产业才能实现可持续发展，真正惠及当地经济和农民收入。

（一）我国主要农产品的产能情况

2014年2月10日，《中国食物与营养发展纲要（2014—2020年）》提出推广膳食结构多样化的健康消费模式，控制食用油和盐的消费量。到2020年，全国人均全年口粮消费量应达到135公斤、食用植物油12公斤、豆类13公斤、肉类29公斤、蛋类16公斤、奶类36公斤、水产品18公斤、蔬菜140公斤、水果60公斤。[1]这些目标可以视为对我国农产品的总体需求。

---

[1] 资料来源：中央政府门户网站，http：//www.gov.cn/zwgk/2014-02/10/content_2581766.htm。

为了对比实际生产量与目标需求，我们参考了国家统计局和相关机构的数据。根据国家统计局 2024 年 2 月 29 日发布的《中华人民共和国 2023 年国民经济和社会发展统计公报》，2023 年全年粮食产量 69 541 万吨，全年猪牛羊禽肉产量 9641 万吨，全年水产品产量 7100 万吨，禽蛋产量 3563 万吨，牛奶产量 4197 万吨，油料产量 3864 万吨。根据中国蔬菜行业发展现状分析与投资前景预测报告（2024—2031 年），2023 年全国蔬菜总产量为 82 868 万吨，全国水果（含瓜果）总产量达 32 744 万吨。根据国家统计局 2023 年中国人口总数为 140 967 万。据此计算各种农产品的人均产能（见表 6-1）。

表 6-1　2023 年我国主要农产品生产情况

产品类别	总产量 / 万吨	人均产能 /（公斤 / 人）	目标需求 /（公斤 / 人）
蔬菜	82 868	587.85	140
肉类	9641	68.39	29
禽蛋	3563	25.28	16
水果	32 744	232.28	60
水产品	7100	50.37	18

从表 6-1 可以看出，大多数农产品的产量已经超过了《中国食物与营养发展纲要》提出的目标需求。例如，水果的人均产能为 232.28 公斤，远高于目标需求的 60 公斤；肉类的人均产能为 68.39 公斤，也远超目标需求的 29 公斤；其他农产品如蔬菜、禽蛋、水产品的人均产能也均高于目标需求。

因此，若地理标志产业规划仍以单纯扩大产能为目标，可能会导致供过于求，影响地理标志产业的健康发展。地理标志产业应更加注重质量和品牌建设，通过提升产品质量和品牌影响力，增强市场竞争力，实现可持续发展。具体建议如下：

①质量优先：确保地理标志产品的独特性和高品质，维护品牌形象，提升消费者的信任度和满意度。

②品牌建设：加强品牌宣传和市场推广，提高地理标志产品的知名度和市场占有率。

③科技创新：推动技术创新和产业升级，提升产品的科技含量和附加值。

④产业链延伸：适度发展产业链下游产品，如深加工产品，但需谨慎评估市场需求和经济可行性。

⑤市场导向：根据市场需求调整生产计划，避免盲目扩大产能，以确保供需平衡。

通过上述措施，地理标志产业才能实现高质量、可持续的发展，真正惠及当地经济和农民收入。

(二) 地方政府选择扩大产区，提高产能

作为区域公共品牌，地理标志承载着地方政府"一县一品"的战略目标，旨在做大做强一个特色产业，提升当地生产总值，带动本地就业，实现精准扶贫等多重目标。以"五常大米"为例，2007年12月21日，"五常大米"获得地理标志商标。当时，五常市在工商部门注册的大米生产企业共有292家，总产能达到400万吨。

"五常大米"的地理标志使用区域明确划定为：溪浪河、拉林河流域至红旗乡西城子村以东，苇沙河以西，磨盘山以北，硕大户山以南。这一范围覆盖了五常市150万亩的大米产区。根据每亩1200斤稻谷的产量推算，出米率为50%～60%，每亩地产米600～700斤，150万亩的总产量约为50万吨。然而，"五常大米"的加工产能却远远超出实际产量，达到了实际产量的 8～10 倍。这种产能过剩的情况反映了地方政府在扩大产区和提高产能方面的积极举措。尽管实际产量有限，但通过提高加工能力和扩大销售渠道，"五常大米"的品牌影响力和市场占有率得以显著提升。然而，这也带来了潜在的品牌反噬风险，如市场饱和、假冒伪劣产品增多等，以上问题均需要通过严格的质量控制和市场监管来保障地理标志产品的独特性和高品质。

（三）盲目发展的后果

地理标志是一项重要的知识产权，国际上有通行的制度规则，这些规则在中国体现为法律法规和部门规章，应当严格遵守。地方政府以行政手段擅自扩大地理标志产品的种植范围，实际上是在破坏地理标志制度。根据规定，只有保护范围内的产品才能使用地理标志。但在实际管理中，受保护产区和非保护产区的产品往往没有严格的区分，也没有以不同的价格销售。这样，消费者支付相同的价格却购买了来自非保护区域的地理标志产品，构成了对消费者的欺诈。

如果一个地理标志产品盲目扩大产能，而本地的销售团队和市场推广没有同步跟进，仅依赖外部采购，风险极大。一旦销售不畅，必然导致产品滞销，农户将遭受严重损失。特别是对水果类产品，从种苗到盛果期一般需要六七年的时间，前期投入巨大。如果产能突然扩大，农户无法获得预期收益，只能砍伐果树转作他用，这将导致六七年的投入付诸东流，损失惨重。一些地方采取激进的方式迅速扩大产能，远远超出经纪人的销售能力和市场的容纳能力，势必造成重大损失。产能突然翻几倍增长，地理标志管理能力无法及时跟上，品质难以保障，假冒产品泛滥，消费者转向其他同类产品，对产业可能构成毁灭性打击。

以"某某蜜柚"为例，该产品品质优良，地理标志管理也较为规范，有统一的包装和标识，产品销售形象良好。然而，在北京市场可以看到大量标称"某某蜜柚"的产品，口感已然不如往昔。仔细观察后发现尽管包装上标明生产单位为某县，但地理标志专用标志和证明商标的使用不如往年广泛，甚至在包装上很难找到这些标识。询问当地居民得知，蜜柚年产能达到30亿斤，近16亿个，导致管理压力增大，形成非标品泛滥的现象。虽然消费者可能不太关注地理标志专用标志，但口感变化很容易被发现，这将影响此地理标志产品的品牌销售。

地方政府为了做大做强地理标志产业，可以扩大生产规模，围绕地理标志上下游企业衍生出庞大的产业链，形成地方主导产业集群，从而解决人口就业。但是前提是必须遵守地理标志制度规则，不能盲目追求扩大产能。只有在确保产品质量和市场供需平衡的前提下，地理标志产业才能实现可持续发展，真正惠及地方经济，提高农民收入。

三、地理标志产业规划综合思路

地理标志产业规划应综合考虑产业属性、引进大公司构建产业集群、与文旅结合三个方面，以实现可持续发展。首先，产业属性是基础，不同地理标志产品具有不同的特点和市场需求。例如，"江西白莲"可通过分解为荷花、莲蓬、鲜莲子等多个产品，逐步提升产业链价值，实现多元化发展。其次，引进大公司构建产业集群是提升产业竞争力的有效途径。"延津小麦"通过引进山东鲁花集团、陈克明食品股份有限公司等大型企业，不仅解决了小麦的销售问题，还延伸了产业链，形成了完整的产业集群。最后，与文旅结合可以进一步提升地理标志产品的附加值。杭州龙坞镇依托"西湖龙井"茶，通过茶文旅融合吸引了大量游客，提升了当地经济和文化影响力。这些案例表明，综合考虑产业属性、引进大公司构建产业集群和文旅结合，可以有效提升地理标志产业的综合效益，实现可持续发展。

（一）产业规划要考虑产业属性

江西是中国的白莲之乡，"广昌白莲"和"石城白莲"均为地理标志产品。2016年，笔者对石城的莲子产业进行了深入考察。传统的江西白莲产品主要是干莲子，新鲜莲蓬经过剥壳、去衣、通芯、烘干/晒干等工序加工而成。"石城白莲"的干莲子每亩产量约为200斤，2016年的产地收购价约为每斤28元，每亩产值不到6000元。传统的产业思维主要集中在如何将干莲子卖出去并卖出好价钱。实际上，莲子可以分解为多个产品：荷花、莲蓬、带壳的鲜莲子、莲子肉和干莲子。

1. 荷花

"接天莲叶无穷碧，映日荷花别样红。"荷花不仅赏心悦目，大规模的荷塘更是美丽的景观，远在贵州安龙县的荷花吸引了大量上海游客。一亩地大约能开出1.0万～1.2万枝荷花。在石城风景区和贵州安龙县，荷花现场售价约为每枝10～15元。景区荷花的零售量很小，几乎可以忽略不计，但花店对荷花有较大的需求。石城人将荷花卖到上海，上海的花卉市场将几朵荷花和几个莲蓬扎成一束，以99元的高价卖给恋爱中的男女。而在北京的花卉市场，刚长出来的单枝荷花制成干花后价格更高。

2. 莲蓬

每枝荷花基本能长出一个莲蓬，一朵莲花可以长成一个莲蓬。随着民众消费习惯的改变，人们越来越喜欢鲜莲子。石城人抓住这一商机，将鲜莲子称为"水果莲"，莲蓬网上售价为10元两个，相比在菜市场销售价格已经是翻倍了。

3. 带壳的鲜莲子

在莲子产区，我们经常可以看到坐在树荫下边剥莲子边售卖的小贩，带壳的莲子售价约为15元一斤。带壳的莲子卖不掉时可以用机器去壳，剥出的莲子肉可以卖给广东的餐馆做菜，批发价约为22元一斤。

4. 莲子肉

江西石城人将莲子开发出全莲宴，以新鲜的莲子为材料可以做出几十道佳肴。

综上，以一亩水莲地的产出为例，不同产品的产值如下：

荷花：以每朵5元计算，1.2万朵荷花的产值为6万元。

莲蓬：以每个3元计算，1.2万个莲蓬的产值为3.6万元。

带壳的鲜莲子：一亩地可产约1000斤，以每斤15元计算，产值为1.5万元。

莲子肉：带壳的莲子去壳后剩余约800斤，每斤批发价12元，产值约为1万元。

从最初的每亩荷花产值6万元，到最后的每亩干莲子产值6000元，产值呈现直线下降趋势。越到产业链的末端环节，人工成本越高，产值反而越低。从石城县的考察结果来看，白莲产业可以向上游延伸，覆盖全产业，通过不同环节逐阶段充分消化产能，达到提高收益的目标。这样不仅可以提升产业链的整体效益，还能更好地满足市场需求，实现产业的可持续发展。

（二）引进大公司做产业集群

"延津小麦"素有"中国第一麦"的美誉。河南延津县小麦种植面积约为100万亩,是"全国绿色食品原料(小麦)标准化生产基地""国家现代农业产业园""全国优质小麦产业化示范县""国家农业产业化示范基地""小麦全产业链产销衔接试点县"。延津县位于中国小麦黄金走廊的核心区,地处豫北黄河冲积平原,地理位置独特,属暖温带大陆性季风气候,四季分明,冬寒夏热,秋凉春早。这里的土壤条件优越,上层为沙土,下层为黏土,这种"蒙金"土壤有利于小麦的生长,能够满足强筋小麦后期对氮的需求,从而形成更多的蛋白质,使"延津小麦"品质优良。

2016年,"延津小麦"被注册为地理标志商标,为了打造地理标志延津小麦产业,延津县成功引进了山东鲁花集团有限公司、陈克明食品股份有限公司、新良集团等大型企业在本地设立工厂。这些企业以"延津小麦"为原料,使"延津小麦"在本地就能够得到有效消化,极大地解决了小麦的销售问题。通过引进大型企业和完善产业链,"延津小麦"产业不仅提高了本地小麦的附加值,还带动了地方经济的发展,形成了一个完整的产业集群,这一模式为其他地理标志产品的产业发展提供了有益的借鉴。

需要特别说明的是,每个地理标志产业的性质不同,并不是所有产业都能像"延津小麦"这样吸引大型企业来本地投资设立加工厂,延伸产业链。地理标志产品中有很多保护范围较小、产能受限,难以进行大规模产业化。有些产品在鲜活状态下最能体现其特色性,并且鲜活状态下的溢价最高,如果加工成工业产品,其特色性可能消失,成本也可能高于其他普通产品,从而丧失竞争力。因此,各地在规划地理标志产业发展时,应根据本地地理标志产品的属性慎重决策,合理规划。

(三)产业规划与文旅相结合

1. 地理标志旅游

地理标志的两大决定因素是人文因素和自然因素。人文因素赋予地理标志产业丰富的文化内涵，自然因素则体现在地理标志产品产区的优越自然条件。人文因素表现为丰富的故事情节，自然因素则表现为优美的自然风光。具备这些条件的地方自然成为休闲度假的理想之地。因此，与文旅结合综合打造地理标志产业逐渐成为地方地理标志产业规划的趋势。

杭州不仅因其西湖美景而闻名，还因其周边的山峦而独具魅力。山水相依，符合中国传统美学的标准，山清水秀才是绝佳的搭配。杭州不仅是风景秀美的地方，还是著名茶叶——"西湖龙井"的产地。"西湖龙井"于2011年获得地理标志商标注册，杭州西湖区的龙坞镇是西湖龙井茶的主要产区。2023年仲春，笔者任职单位的会议选择在这里召开。走进村子，富丽堂皇的楼房彰显了村民的富裕，整洁干净的街巷透露了村民的文明素养，花草的装扮展示了村民的风雅情趣。村子周边全是茶山，四周是典型的江南丘陵，高高低低的茶树遍布。在预订的农家，楼上、楼下加上院子里都摆满了餐桌，这户人家顶得上一个中等规模的餐馆。主人给每位客人送上一杯龙井茶，据说每杯茶价值不菲。品茶、上山游览、观看采茶和制茶的过程、吃饭、闲聊，我们在村子里度过了愉快的一天。同事们带着拉杆箱来买茶，将龙坞的龙井茶带回各自的家乡，龙坞人则将来自全国各地的钱收入囊中。

龙坞镇的茶文旅特色鲜明。令人印象深刻的是，龙坞镇没有花费大笔资金将村子建设得花里胡哨，也没有刻意打造景点。龙坞镇遵循自然法则，顺其自然，反而让寻常的茶山和采茶人的劳作成为一道风景。村民们喜欢建造大房子，自由选择自己喜欢的风格，没有强制要求整齐划一、风格一致，多元化的建筑本身就是一种美。村民在旅游旺季将多余的房间出租给游客，淡季则闲置，不需要额外支付房费，不存在经营压力。或许正是这种随性才吸引了大量游客，南来北往的过客带来了财富，也增加了村民的见识。他们植草种花，装饰庭院，摆脱了乡村旧的形象，成就了新农村改造的样板。龙坞镇地理标志茶与文旅的结合，也成了地理标志旅游的典范。

2. 地理标志研学

根据教育部及相关部委的要求，中小学生每学期都要参加研学活动，走出教室，去工厂、农村、科学殿堂等地，在实践中学习工、农、科学等知识。从目前的实际情况来看，地方上的研学活动主要还是以参观当地农场为主。据统计，中小学生占总人口的比例约为15%，那么在一个100万人口的县，参加研学的学生人数将达到15万。以每人每次100元计算，一年一个县就有3000万元的研学市场份额，能够支撑起本地的研学产业。

中小学生的研学活动目前仍处于初级阶段，普遍缺乏规范系统的课程。地理标志的人文属性及其特色性是中小学生研学的核心内容。了解家乡、了解家乡特产并将其介绍出去，这是地理标志与研学的完美契合点。据《深圳特区报》报道，2021年10月11日，佛山市质量和标准化研究院、佛山市旅行社协会、佛山市知识产权保护促进会联合组织二十多家旅行社代表到禅城区开展地理标志产品采风调研活动，参观南庄紫洞黄皮园和张槎大头点笋种植基地，深入研讨地理标志保护产品，拓展研学线路。此类报道说明地理标志研学方兴未艾，前景广阔。

第二节　地理标志产业几个相关问题

地理标志产业规划是一项复杂的系统工程，其核心价值在于产品的特色性。规划应围绕特色性展开，避免盲目扩大产能。地理标志产业成功的关键在于让消费者愿意为产品的特色支付更高的价格，从而使生产者从中受益。随后，通过科技创新提升附加值，根据市场需求适度扩大产能，进行产业延伸，最终实现产业的良性循环。

一、地理标志产品品种问题

（一）地理标志与特定的品种

地理标志的核心价值在于产品的独特品质，而这种独特性往往与特定品种密切相关。据统计，我国 92.8% 的地理标志商标注册在农产品相关类别上，许多地理标志产品的独特性与其品种紧密相连。

例如，江西的"南丰蜜桔"使用的品种是南丰蜜桔，这种蜜橘个小皮薄，色泽金黄，果型扁平秀丽，果香清新友好，味道甜中带酸。尽管南丰人在南丰县也种植其他品种的橘子，但这些橘子的果型和口感与"南丰蜜桔"截然不同，因此不会被称为"南丰蜜桔"。同样，地理标志产品"泰和乌鸡"以其黑色的鸡肉和骨头、白色的羽毛及独特的十个典型特征著称，其中最突出的是其黑色的骨骼和肉质。无论"南丰蜜桔"还是"泰和乌鸡"，地理标志名称与品种名称往往是合一的，产品的特色性主要取决于品种的特色。

（二）品种的扩散

地理标志产品的品质受到地理和气候因素的显著影响，但周边地区与原产地的地理和气候条件相似，引种后可能难以区分。中国的地域广阔，适合生产地理标志产品的地理和气候环境众多。一些作物表现出超强的适应性，如"广东菜心"虽然名称表明产自广东，但在宁夏却能种植出极佳的品质，价格比广东本地生产的高出几倍，且供不应求。一些地方为了发展本地经济积极引进优良品种。例如，四川省的地理标志"温江大蒜"品种优良，富有特色。云南省在发展大蒜产业时试种了全国各地的大蒜品种，发现"温江大蒜"最适合当地生长，于是进行了大面积引种。"南丰蜜桔"被引种到广西后，由于当地的地理和气候条件更加适宜，种植出的南丰蜜桔品质甚至优于南丰本地种植的。各个国家对品种出口都有严格的管制，中国也不例外。一些优良的畜禽品种由政府建立保种场进行保护。有些地方政府开始认识到品种的价值，对地理标志独特品种进行管控，如江西地理标志产品"玉山黑猪"的种猪（公猪）严禁外流，即使是小猪，如果是公的也需要先阉割后才能出售。

地理标志产品特有的品种是构成其特色性的重要因素。如果不对独特品种进行适当的限制，导致品种过度扩散，无论是外地作为优良品种引种，还是本地政府要求将品种扩种到非地理标志划定的范围内，都会导致产能无限制扩大，市场价格受到冲击，影响当地地理标志产业的发展。如果品种被引种到更加适合生长的地域，产品质量优于原产区，原产区地理标志的价值将大打折扣，甚至可能被新的产区取代，对当地经济造成严重影响。做好地方地理标志产业，保护品种是关键。不保护特有品种必然会削弱本地地理标志产品的经济效益，甚至可能使当地的地理标志产业被外地取代。

二、地理标志产业创新问题

（一）品种的改良创新

地理标志独特的品种通常具有一定的历史，但任何事物都在不断进化中。如果产品品质不能与时俱进，最终会被市场淘汰。查阅古代地方志可以发现，许多古籍记载的地方特产已经消失，有些是因为被市场淘汰。因此，品种再有特色也需要根据市场需求进行改良，以适应时代的变化，提高经济效益。传承下来的品种在现代理念和市场需求方面可能存在各种问题。尽管传统品种经过百年以上的传承，稳定性强，品质相对稳定，但随着市场上好吃的品种增多，传统品种的口感显得逊色。因此，传统品种需要根据消费者的需求进行改进。

任何产业必须有经济效益才能持续发展，地理标志产业也不例外。许多传统品种虽然保持了独特的品质，但经济性较差，发展举步维艰。例如，江西的地理标志产品"玉山黑猪"有几项决定品质的关键指标全球领先，但这种猪个体小、生长速度慢、饲养成本高，难以大规模商品化饲养。消费者追求物美价廉，如果一个产品的成本过高，市场竞争力将大大降低。

地理标志产品不能直接用全新的品种替换传统品种。传统品种虽然有特色，但可能不适应市场或经济价值低。解决办法是对传统品种进行改良。例如，"南丰蜜桔"在20世纪五六十年代进行了改良，培育出优良品种"杨小二六"。同样地，"玉山黑猪"也有机构在进行改良，利用现代杂交技术保留原有品种的优良特性，提升其经济性。

地理标志产品的品种还有很多需要科技创新的地方。例如，种植百合时，一块地种过百合后三年内不能再种百合，这是许多作物存在的"重茬问题"。江西永丰县人与大学科研单位合作，通过现代科技解决了"重茬问题"，大幅降低了百合种苗的成本，百合逐渐成为当地的支柱产业，"永丰百合"地理标志也在申请过程中。20世纪八九十年代，为了防止黄州萝卜品质退化和产量下降，黄冈市组织相关技术人员对"黄州萝卜"种子进行提纯复壮，这一技术因有效保持了"黄州萝卜"的纯度和高品质而荣获湖北省科技进步三等奖。

（二）产业思维的创新

以江西白莲为例，笔者发现莲蓬中的莲子大约有15%是瘪的，此外，加工过程中筛选出的发黄、干皱、裂开的莲子约占10%，这些都是废品。发黄是因为采摘过早，干皱是因为火候问题，裂开是因为通芯时操作不当，这些问题都可以通过改进管理来解决。例如，在荷塘放养蜜蜂，提升莲子的结实率并收集荷花粉，荷花粉可以卖到2000元一斤。加工环节的改进可以减少废品率，提升产值。荷叶可以加工成荷叶茶，废弃的莲蓬可以卖给广东做茶。

（三）销售思维的创新

在中国，常规农产品总体上供大于求，价格持续走低，种植户和养殖户难以盈利。市场需求不断变化，销售思路也需与时俱进。在供大于求的情况下，提升农产品收益需要另辟蹊径。以下是一个创新销售思路的案例，可供参考。

跳出传统思维，从荷花开放时就让游客采摘，未被采摘的荷花任其长成莲蓬。莲蓬未售出的部分，剥出莲子带壳销售，未售出的莲子再去壳销售莲子肉，剩余部分加工成干莲子。这样，莲子变成了五个产品，销售过程被分解为五个环节，销售时间延长，每个阶段都能销售，分摊了每个产品的销售压力，提升了产值。虽然对单个种植户来说操作较为烦琐，但从整个产业角度看，可以找到新的产品线，吸引更多人参与，整体提升莲子产业的生产总值。

传统的营销思维是通过广告宣传提升品牌，进而提高产品价格。然而，在激烈的市场竞争中，提高价格非常困难。因此，地理标志产品的运营规划需要打破营销定式思维，深入研究农业和行业特点，在各个环节上创新，才能切实提升农户的收益。

三、不要盲目延伸产业链

提到提升农产品收益，常规思维是进行深加工，但这并不是适用于所有地理标志产品的策略。有些地理标志产品加工成工业产品后，可能失去其特色性，与普通产品加工品相比没有任何优势。有些地理标志产品在鲜活状态下销售价格是普通产品的几倍，加工成工业品反而自贬身价。

例如，海南澄迈县桥头镇是一个海边小镇，土壤多为沙地，不适合种植蔬菜和水果。20 世纪 90 年代，一家日本食品企业看中了海南独特的热带环境优势，从日本引进地瓜新品种在桥头镇种植。桥头镇富硒的沙质土壤和地理环境使这里的地瓜品质优于日本本土生产的。笔者在海南工作时，桥头地瓜卖到 20 多元一斤，比许多热带水果还贵，"桥头地瓜"也被注册为地理标志商标。

然而，为了做大桥头地瓜产业，当地计划进行深加工，成立酿酒厂生产地瓜酒，还打算加工甘薯泥、甘薯粒等。一般认为，地瓜酒、地瓜干和地瓜粉是附加值较低的产品。地瓜酿酒的出酒率在 20%～30%，即 4～5 斤地瓜能酿一斤酒。笔者在江西萍乡喝过本地的地瓜酒，通常十几元钱一斤，本地的红薯批量采购价一斤不到 2 元，原材料成本不到 20%。桥头地瓜 20 多元一斤，酿酒的材料成本超过 100 元 / 斤，显然没有市场竞争力。用桥头地瓜加工成地瓜酒、地瓜干和地瓜粉，由于原材料成本高，加工后的产品没有任何竞争优势，反而失去了鲜活产品的特色。

因此，地理标志产业链延伸需慎重考虑，综合盘算，不能仅凭想象行事。只有在确保产品特色性和经济性的前提下进行合理的产业延伸，才能实现地理标志产业的可持续发展。

第三节　地理标志产业案例介绍

地理标志产业的规模差异显著，有的产业能够实现数百亿元的产值，而有的则不足一个亿。这种规模差异决定了各产业在运营规划上的不同侧重点。对于大型地理标志产业，其规划应注重品牌建设和市场拓展，通过提升产品质量和品牌影响力巩固市场地位，扩大市场份额。同时，应加强产业链上下游的合作，推动技术创新和产业升级，提升整体竞争力。对于小型地理标志产业，其规划应聚焦于精细化管理和特色化发展，通过提升产品质量和特色化服务打造独特的市场竞争力。同时，应充分利用当地政府的支持政策，加强与科研机构的合作，提升产品的科技含量和附加值，逐步扩大市场规模，实现可持续发展。本节简要介绍几个地理标志产业运营案例。

一、"修水宁红茶"县域地理标志茶叶产业规划

(一)"修水宁红茶"简介

江西修水县是传统产茶大县，茶叶产量曾占江西的80%，茶叶出口量最高时占全国的12%。该县是中国工夫红茶的发祥地，自清朝道光年间开始制作工夫红茶，所产"宁红茶"历史悠久。据《祁门县志》记载，祁门县1876年聘请宁州（今修水县）茶工舒基立按照宁红的技法制作红茶获得成功，这使得"宁红茶"比祁门红茶早90多年问世。清朝末期，汉口开辟为条约口岸，修水县因其地理位置接近汉口，茶叶运输只需一周时

间。修水的"宁红茶"以其卓越品质赢得了外商的青睐,俄罗斯太子来汉口品尝"宁红茶"后赞不绝口,因此"宁红茶"又被称为"太子茶"。当时,"宁红茶"的价格极高,其压箱用的龙须茶售价可达一两银子一个(64个一斤),修水县享有"茶盖中华、价甲天下"的美誉。然而,受斯里兰卡等国际茶叶市场的影响,中国茶叶出口受到严重冲击,修水"宁红茶"也未能幸免。清朝末期,修水县引进当时世界先进的蒸汽机,成立茶校,改良种植加工技术,培养人才,积极应对国际市场的变化。改革开放后,修水的"宁红茶"及系列产品在国际市场上再度声名鹊起。修水县将茶叶产业作为重点发展方向,茶叶种植面积占九江市茶叶种植面积的 2/3 以上。2004 年,"修水宁红茶"被核准为地理标志产品。

(二)"修水宁红茶"产业现状

据不完全统计,修水县注册的与茶叶相关的企业有上千家,十几万人从事与茶叶相关的工作。尽管如此,修水县茶叶企业中只有"漫江红""梁天柱""公和厚""大椿"等少数品牌具有一定的知名度。总体上,修水县茶叶企业呈现出小而散的特点,缺乏能够引领行业发展的大型龙头企业,因此在市场上缺乏定价权、话语权和品牌影响力。一个年产值超过十亿的产业需要与大型企业和渠道合作才能实现大批量销售,而这要求企业具备大规模供应、价格优势和连续供应的能力,尤其是对于季节性强的茶叶产业而言,这一点尤为困难。

修水县茶叶产业的产业链细分不足,大部分企业仍然采用传统模式,从种植到加工再到销售全程参与。这种模式导致各家各户炒制的茶叶在外形和口感上差异较大,普通消费者容易察觉并产生质量不一的错觉,增加了消费者选择的难度,影响了消费者的复购率。

（三）整合"修水宁红茶"产业

为解决上述问题，笔者与修水县政府部门、茶叶协会及相关茶叶企业进行了深入探讨。县政府指定九江市修水茶叶科学研究所（简称"修水茶科所"）全面负责茶叶产业发展。修水茶科所与省标准研究院合作制定"宁红茶"的标准，并准备推动县人大立法，建立全面的地理标志"宁红茶"管理体系，规范地理标志专用标志的使用。这些举措为产业的发展奠定了坚实的基础。

以"新奇士橙"为例，其年产值上十亿美元，虽然规模略小于"赣南脐橙"，但仅由一家企业经营，整个上下游产业链高度整合，实现了管理的高度统一，牢牢掌控了市场话语权和定价权。相比之下，"宁红茶"虽然总体产值不及"新奇士橙"，但有上千家企业参与，相互竞争，难以集中资源进行各方面的提升和品牌打造，短期内，将上千家企业整合显然是不现实的。为此，笔者提出了一种过渡办法：由县属国有企业牵头，组织本地具有一定规模的茶叶企业成立一家合作联合社，再引进一家外部服务机构共同组建一家国资背景的公司作为龙头企业。国资背景有助于开拓大渠道和大型集团的团购客户，有些客户往往只愿意与国有企业合作。本地规模企业的共同参与可以起到带动作用，惠及整个产业。将这些企业组成一家合作联社作为一个股东，主要是基于股东人数、公司运作决策及税收等方面的考虑。引进外部服务机构的主要目的是拓宽外部合作资源，植入外部先进理念，全面提升本地茶叶产业发展。

该公司的定位是宣传和推广"宁红"品牌，对接外部大渠道和大市场，大宗销售产品，研究市场，开发新产品，提升产品形象。公司原则上不与本地企业争夺现有市场，而是主要面向大型渠道商和特定客户，根据市场需求研发适合的产品，考虑消费习惯、包装设计和价格定位等。公司将直接向合作联合社内的企业收购毛茶，委托本地规范的企业进行精制，统一包装，确保质量的统一，实现大规模、价格优惠和连续供应。随着公司销售量的增加，可以通过采购向前端倒推，对种植和加工企业提出更高要求，逐步提升本地茶叶种植、加工、包装等综合水平，逐步争取市场话语权和溢价能力。

二、"黄田荔枝"产业链全面整合

（一）背景介绍

深圳是一座充满奇迹的城市，即便在寸土寸金的环境中依然保留着一片片葱郁的山林。这些山林不仅美化了城市环境，还承载着丰富的生态资源。2023年暑期，笔者受邀前往深圳考察"黄田荔枝"产业，才发现那些郁郁葱葱的山丘原来是荔枝林。深圳自唐宋时期就开始种植荔枝，历史悠久且品质优良，曾作为贡品进献朝廷。深圳有"南山荔枝"和"黄田荔枝"等多个地理标志产品。其中，"黄田荔枝"产自深圳市宝安区航城街道黄田村，其地理标志保护种植区域涵盖航城街道内的黄田、钟屋等9个社区。

（二）"黄田荔枝"产业现状

黄田村位于深圳市宝安区，距离深圳机场不远。随着城市的快速发展，深圳已不再有传统意义上的农村，行政村改为社区，黄田村也因此变为黄田社区。笔者入住的酒店窗外就能看到一座山，山上植被茂密，从酒店出发稍经盘山路程即可到达山腰处的"黄田荔枝"基地。每年荔枝采摘后，这里负责分选、包装，将产品发往全国各地。基地设有简约的展厅和凉亭，供游客参观；部分荔枝树特意保留果实，增添观赏性。尽管设施相对简陋，但这里却是"黄田荔枝"唯一的生产基地，面积约1000亩。

（三）产业链整合与管理

"黄田荔枝"由深圳市黄田荔枝品牌发展有限公司独家运营，这种模式在全国地理标志产品中较为罕见。公司致力于果园起垄栽培、有机果园标准化生产技术示范推广、改良生态果园种植模式。为确保"黄田荔枝"的品质，公司制定了严格的地理标志专用标志使用管理办法，并根据黄田荔枝省级地方标准要求制定了《"黄田荔枝"质量控制技术规范》。基地由一支固定的种植团队常年打理，确保荔枝口感的一致性。公司实行统一质量、统一包装、统一标识的"三统一"管理模式，保证品牌识别的一致性，便于消费者识别。此外，公司还建立了黄田荔枝生产销售全程追溯系统，推动产品向优质化、标准化、品牌化、产业化方向发展。

（四）品牌宣传与市场拓展

为了提升"黄田荔枝"的品牌影响力，公司投入大量资源进行品牌宣传。公司拍摄了黄田荔枝宣传片，并在宝安区电视台综合频道设置"黄田荔枝"专题宣传。此外，公司还创作了一首地标歌曲《我在黄田等你》。自2018年起，公司每年举办一届"黄田荔枝"文化节，进一步提升了品牌的知名度和美誉度。

（五）产品延伸与创新发展

荔枝的保鲜期极短，采摘期也仅有两周左右，这给销售带来了巨大压力。为解决这一问题，公司与科研院所和高等院校合作，对"黄田荔枝"

第六章 地理标志助力乡村振兴

的提取物进行深度开发，研发了一系列与市场紧密结合的荔枝加工产品，如荔枝酒、荔枝汽水、荔枝醋、荔枝面膜等（图6-1）。其中，黄荔魁牌黄田荔枝面膜获得了2022年深圳伴手礼和第四届寻找宝安宝贝中的"宝安爆款产品"等荣誉。

图6-1 "黄田荔枝"延伸产品

（六）总结与借鉴

打造地理标志产业，虽然各种解决方案已经成熟，但实践中成功的案例并不多。主要原因在于地理标志产业往往涉及多个主体，各方利益难以协调，导致内部竞争失序，影响产品质量和品牌建设。然而，"黄田荔枝"通过独家运营和全产业链整合成功克服了这些难题，实现了品牌和产业的协同发展。这一模式为其他地理标志产业的发展提供了宝贵的借鉴经验。

三、"王桥花果芋"精细化管理

（一）产品介绍

2016年，江西东乡县花果芋行业协会申请的"王桥花果芋"获得地理标志登记，保护范围限定在东乡县王桥镇。2016年12月，东乡县撤县改区，隶属江西抚州市管辖。王桥镇位于东乡区，南北长15公里，东西长5公里，总面积75平方公里，拥有耕地面积17 197亩（其中水田15 080亩，旱地2119亩）。

芋头是一种常见的农产品，各地广泛种植，品种繁多。广西的荔浦芋头体型较大，而福建的芋头形状类似炮弹，更为壮硕。相比之下，"王桥花果芋"则显得更为娟秀。"王桥花果芋"的特点是一株可以结出多个大小不一的芋头，中心的大芋头称为"芋头爷"，周围长有许多小芋头，称为"芋头仔"。"王桥花果芋"嫩芽的周围有多道红色花环，这也是其得名的原因。这种芋头肉质为白色，软糯细嫩，无渣，具有胶黏性，味道鲜美。

（二）产业现状与问题

芋头一般亩产量约为3000斤，即使将王桥镇所有耕地全部用于种植"王桥花果芋"，产能也十分有限。"王桥花果芋"属于小产量的地理标志产品，更适合走精细化产业路径。据调查，"王桥花果芋"亩产约3000斤，其中"芋头爷"和"芋头仔"约占2/3，挑出来作为商品芋的只有约

1000斤。2016年,"王桥花果芋"商品芋的价格为5元/斤,每亩产值可达5000多元,与其他作物相比效益较好。

然而,"王桥花果芋"面临的主要问题是产能不足。王桥镇土地资源有限,且芋头种植存在重茬问题,即同一块地连续种植芋头会导致减产。由于地理标志保护范围的限制,"王桥花果芋"的产能难以大幅增加,市场上供不应求。因此,提升经济效益不仅需要逐步提高市场价格,还需在其他方面寻求突破。

(三)通过精细化增加收益

为提升"王桥花果芋"的经济效益,笔者详细调研了种植过程中的各个环节,提出了以下几点建议。

1. 芋头茎秆的加工

芋头茎秆通常被丢弃,但实际上具有很高的经济价值。在海南,新鲜的芋头茎秆是一道受欢迎的菜品,经过简单处理后口感酸爽。在江西,传统的做法是将芋头茎秆切成小段晒干,制成干芋头茎。目前,北京、上海等大都市已形成对干芋头茎的消费需求。加工干芋头茎的方法简单,只需切段、晾干即可,无须添加任何化学成分,天然健康。因此,可以将新鲜的芋头茎秆加工成干芋头茎,销往大城市,增加收益。

2. "芋头仔"的销售

"芋头仔"通常因体积小、去皮困难而被丢弃,但它们实际上是芋头中的精品。煮熟后的"芋头仔"容易去皮,口感细腻。许多宾馆和餐馆将小芋头作为早餐或拼盘菜品,市场需求较大。可以通过收集"芋头仔"供应给酒店和餐馆,特别是通过配送公司进行批量销售,增加收入。

3. "芋头爷"的转化

"芋头爷"被认为不易食用，但通过适当的加工可以转化为高附加值的产品。例如，将"芋头爷"反季节种植在保温棚内，遮挡阳光，长出的芋头芽在市场上非常受欢迎，批发价可达 15 元 / 斤，供不应求。"芋头爷"大约一个月可以发芽，一斤"芋头爷"可以长出一斤多芽，价值翻倍。这种做法在广西、浙江等地已有成功案例，值得在王桥镇推广。

（四）深加工问题

地理标志产品通常是地方特色产品，产量较小，难以支撑大规模的加工需求，容易导致生产设备闲置，增加边际成本。以江西"赣南脐橙"为例，早年由于缺乏废弃果子的交易市场，虽然有企业尝试利用废弃果子榨汁，但由于收集成本过高，最终未能成功。因此，对"王桥花果芋"这样的小产量产品，深加工需谨慎考虑。目前，"王桥花果芋"的产能尚不足以支持大规模加工，深加工暂不考虑。

（五）品种及种植的创新

1. 改良品种

"王桥花果芋"品质虽佳，但部分芋头存在有渣的问题，影响整体口感。可以通过育种技术改良品种，提高芋头的品质稳定性。上好的芋头外形可爱、口感香甜，适合作为早餐或小吃。改良后的品种将更具市场竞争力。

2. 改良种植方式

降低种植成本是增加收入的有效途径。目前，种植一亩芋头需要 200～300 斤芋头种，成本较高。可以尝试通过其他方式育苗，减少用种量，降低种子成本。此外，芋头的重茬问题也增加了用地成本。可以通过科研手段解决病毒问题，实现连作，提高土地利用率。

  针对上述问题，笔者已联系南昌市农业科学院，他们表示有兴趣进行相关研究，并认为这些问题并不难解决。总之，通过精细化管理和创新种植方式，"王桥花果芋"有望在现有基础上进一步提升经济效益，实现可持续发展。

第七章 地理标志金融服务创新

利用地理标志知识产权工具和金融手段相结合的方式，探索地理标志金融创新，努力实现地理标志金融化运用，对于促进农民增产增收和区域经济发展、助推地理标志产业服务乡村振兴事业等具有重要意义。目前，我国多个地区已经出现地理标志价值评估和地理标志质押融资、地理标志保险方面的探索和尝试。本章从地理标志的经济价值入手，介绍地理标志如何进行价值评估，进而分析地理标志质押融资、地理标志保险、地理标志证券化的创新操作模式。

第一节 地理标志的经济价值

一、地理标志经济价值的法律基础

我国现行关于地理标志的法律法规政策体系中，赋予地理标志法律地位的是《商标法》和《民法典》。《商标法》第十六条、《民法典》第一百二十三条均明确地理标志是一种具有法律地位的知识产权。知识产权属于私权,是对应创造性劳动成果的私有财产权利,地理标志代表着一定区域内的劳动者利用当地自然环境,实施特定的工艺流程生产出具有特定质量、信誉的产品,因此地理标志也是一种私权。虽然地理标志归属于一定区域内符合条件的生产者共同所有,是一种集体所有的财产权利,但这并不意味着地理标志是一种公共权利,而是一种属于集体共有的私有权利。地理标志受私权的法律约束,这给地理标志发挥其经济价值提供了法律保障。

二、地理标志经济价值的市场基础

地理标志保护手段的核心目的就是更好地把地理标志产品推向市场,因此,地理标志经济价值的市场基础可以从以下三个方面认识。

首先,从产品角度来看,地理标志代表的是地理标志产品的特定质量和信誉,而产品的特定质量和信誉是其推向市场、获得市场竞争地位的基础,因此地理标志产品意味着比同类一般产品具有更好的质量和市场需求前景,也就是说该产品比一般产品在市场上具有更高的经济价值。

其次,从生产者角度来看,基于具有特定质量和信誉的地理标志产品,经过地理标志的法律属性加持之后,产品可获得明显的溢价和市场拓展,这无疑给生产者带来了持续的经济利益。据统计,在2017年,欧盟3207项地理标志产品售价是同类产品平均售价的两倍,其中葡萄酒溢价率高达2.85倍,烈酒2.52倍,其他农产品及食品1.5倍。[1]

最后,从消费者角度来看,地理标志背后的生产工艺和质量控制代表着产品的可信赖程度,有地理标志背书的产品意味着更好的质量和安全保障,通过合适的市场营销,地理标志产品可获得较高的知名度和认可度,

---

[1] 资料来源:商务部发布的文章《地理标志使欧盟农产品价值翻番》,2020年4月28日。

在消费者群体中获得较高的复购率，因此地理标志在消费者认知层面具有和商标类似的价值属性。

三、地理标志经济价值的限制

综合以上分析，地理标志经济价值在市场方面集中体现为地理标志产品的销售价格溢价和市场规模扩张效应，而这些经济属性基于地理标志的私权性质可归属于地理标志的所有者，即一定区域内符合条件的相应主体集合，因此地理标志具有基于私权的财产性价值，符合无形资产的定义。但是，地理标志这种特殊的无形资产在权属方面不同于传统的专利权、商标权、著作权等知识产权类无形资产，传统的无形资产归属于特定的市场主体，而地理标志则归属于特定的市场主体集合，这就导致虽然这些市场主体可以共享地理标志的经济价值，但是地理标志的经济价值很难完整地变现，只能通过特定的市场主体集合每一个市场主体单独去实现其价值。这一限制决定了地理标志在价值评估金融化运用中需要采取一定的创新措施。

第二节　地理标志价值评估

一、无形资产评估方法

对于专利权、商标权、著作权等传统无形资产，根据资产评估准则和行业惯例，无形资产评估方法包括成本法、市场法、收益法三种基本方法及实物期权法等衍生方法。

成本法是指按照重建或者重置被评估对象的思路，将重建或者重置成本作为确定评估对象价值的基础，扣除相关贬值，以此确定评估对象价值的评估方法的总称。对于无形资产的重置成本，可根据无形资产的来源采取不同的方式确定：外购无形资产可基于外购价进行修正并加上其他后续相关费用得到重置成本，自创无形资产需要基于无形资产开发相关的支出进行合理修正获得重置成本。但是，无形资产成本的不完整性和价值弱对应性决定了成本法只能作为一种备用方法，无法成为无形资产评估的主要方法。

市场法是指通过将评估对象与可比参照物进行比较，以可比参照物的市场价格为基础确定评估对象价值的评估方法的总称。该方法的应用前提包括两个层面：一是评估对象的可比参照物具有公开的市场，以及活跃的交易；二是有关交易的必要信息可以获得。由于大部分无形资产不具有公开、活跃的交易市场，同时即使有一定的市场也难以获取交易细节信息，因此市场法对于无形资产评估较难操作，实践中很少会采用。

收益法是指通过将评估对象的预期收益资本化或者折现，来确定其价值的各种评估方法的总称。收益法的关键参数包括预期收益和折现率，对于无形资产，预期收益可通过许可费节省、收益分成、增量收益、超额收益等方式确定，折现率可通过加权平均资本成本倒算或风险累加法确定。相比于成本法、市场法，收益法是更贴近无形资产价值本质的方法，同时也是最具有操作可行性的方法，因此运用得最多。

对于实物期权法等衍生方法，则由于适用条件的限制和参数获取的难度等原因，只能在特定条件下使用，此处不再赘述。

二、地理标志价值评估方法

由于地理标志的价值来源于特定区域内自然因素和人文因素，这些因素经历长期积累，因此地理标志的成本几乎不可能被计量，所以地理标志价值评估无法采用成本法。地理标志相比其他传统无形资产在市场交易方面有更大的限制，甚至地理标志是否能用于市场交易都具有较大争议，因此地理标志价值评估也无法采用市场法。地理标志的经济属性实质是在地理标志产品、地理标志生产者层面产生更多溢价，在消费者层面提供更好的吸引力，因此其核心是创造收益，收益法是最切合地理标志经济价值实质的方法，也是地理标志价值评估最适用的方法。而由于地理标志的特殊性，地理标志价值评估较难运用传统无形资产的收益法相关具体方法进行评估。

国家推荐标准 GB/T 36678—2018《区域品牌价值评价 地理标志产品》提供了一种基于收益法中超额收益思路的地理标志价值评估方法，该方法把地理标志视为区域品牌进行价值评估，地理标志产品区域品牌价值评估模型如下。

$$V_B = E \times Q \times K_m \tag{1}$$

其中：

V_B ——地理标志产品区域品牌价值；

E ——地理标志产品单位超额收益；

Q ——地理标志产品年销售量；

K_m ——地理标志产品品牌强度乘数。

除地理标志产品年销售量 Q 可依据历史数据直接获取外，另外两个重要参数地理标志产品单位超额收益 E、地理标志产品品牌强度乘数 K_m

的测算方式详述如下：

（一）地理标志产品单位超额收益（E）

地理标志产品单位超额收益按下式计算：

$$E = (GPR_{(GI)} - GPR_{(GP)}) \times P \qquad (2)$$

其中：

$GPR_{(GI)}$——地理标志产品毛利率；

$GPR_{(GP)}$——一般产品毛利率；

P——地理标志产品平均销售单价。

毛利率按下式计算：

$$GPR_{(GI/GP)} = (P_{(GI/GP)} - C_{(GI/GP)}) / P_{(GI/GP)} \qquad (3)$$

其中：

$GPR_{(GI/GP)}$——地理标志/一般产品毛利率；

$P_{(GI/GP)}$——地理标志/一般产品平均销售单价；

$C_{(GI/GP)}$——地理标志/一般产品平均单位成本。

（二）地理标志产品品牌强度乘数（K_m）

地理标志产品品牌强度乘数通过特定方法由品牌强度转换得出[1]。品牌强度由无形要素、质量、服务和保护创新等要素组成，综合反映品牌影响程度。地理标志产品品牌强度的评价指标、权重和评价内容具体见表7-1。

---

[1] GB/T 36678—2018《区域品牌价值评价 地理标志产品》中未给出具体转换方法。

表 7-1　地理标志产品品牌强度评价指标、权重和评价内容

一级指标		二级指标		评价内容
内容	分值	内容	分值	
无形要素	570	品牌地位	380	品牌历史（70）——产品及其名称形成时间、渊源、历史积淀
				品牌认同（150）——认知度 ——忠诚度 ——知名度
				保护形式（100）——取得专门制度保护情况 ——获得国内外认证情况
				市场表现（60）——市场占有率 ——市场份额增长情况
		社会责任	120	社会贡献（60）——解决就业人员占区域内从业人员的比重 ——承担社会公益工作开展情况 ——诚信体系建设情况
				生态贡献（60）——产地环境等自然生态保护成果 ——传统生产工艺等历史人文生态保护成果
		品牌辐射	70	品牌辐射规模和收益（70）——带动相关产业规模以及受益情况 ——国内外产业辐射范围、规模以及受益情况
质量	200	质量特色要求	90	持续性（40）——获保后产地环境、种养殖环节、原辅材料以及生产工艺与地理标志产品要求符合情况 ——获保后产品品质保持情况
				稳定性（50）——获保后产品质量监督检查、专项检查以及风险监测结果的稳定性 ——经媒体曝光或消费者投诉情况
		生产主体	50	生产主体结构（50）——合作组织及其运行情况 ——龙头企业 ——生产企业纳入诚信体系的比例 ——生产企业售后服务体系建设情况
		体系实施	60	实施情况和效果（60）——标准体系、质量保障体系、检测体系建设及其实施情况和效果 ——打击假冒伪劣情况和效果

续表

一级指标		二级指标		评价内容
内容	分值	内容	分值	
服务	190	管理体系	130	规划（20）——产品保护、品牌建设、培育和宣传方面战略或规划
				制度（30）——产品保护、品牌建设、培育和宣传方面制度及相关办法
				政策资金支持（20）——有助于产品保护、品牌建设、培育工作开展的税收、技改投入、公共设施改善、奖励机制、售后服务指导等政策支持以及资金投入
				组织形式（20）——产品保护、品牌建设、培育、宣传的机构、人员投入及权责
				专用标志使用（40）——获保后专用标志的使用率以及规范程度
		品牌传播	60	品牌传播形式及效果（60）——传播形式、渠道开拓以及效果
保护创新	40	保护措施	40	保护技术方法创新（40）——产品质量特色全链条溯源体系 ——产品真实性鉴定技术创新

资料来源：GB/T 36678—2018《区域品牌价值评价 地理标志产品》。

基于上述标准，中国品牌建设促进会、中国资产评估协会等单位已连续多年发布"中国品牌价值评价信息"，在最新发布的"2023中国品牌价值评价信息"中，"安溪铁观音""烟台葡萄酒""武夷岩茶""五常大米""赣南脐橙""郫县豆瓣""烟台苹果""贺兰山东麓葡萄酒""盱眙龙虾""灵宝苹果"位列前十，在地理标志区域品牌百强中，有36个地理标志区域品牌价值超过百亿元。

三、地理标志价值评估案例

以某黑猪地理标志品牌为例，简要介绍地理标志价值评估过程。

（一）某黑猪地理标志品牌介绍

某黑猪地理标志产品是某省某县特产，该黑猪实行草山、草地敞放，白天在野外敞放觅食树叶、草籽、野草、野果、草根等当地天然食料并饮用当地天然山泉水，傍晚牧人将猪赶回畜圈以马铃薯、苦荞、玉米、燕麦、圆根萝卜等进行补饲，确保了黑猪独特的品质和风味。黑猪肉肥瘦适中、品质优良，肉细嫩多汁，肉味芳香浓郁，品质高。该黑猪地理标志品牌于2015年获得国家农产品地理标志登记保护，2016年获得地理标志产品登记保护，2017年成功注册获得地理标志商标。

（二）地理标志产品单位超额收益（E）

经查询和核实有关数据，一般黑猪产品毛利率约为20%，某黑猪产品毛利率可达32%左右，近年产品平均售价约为35元/斤（不含增值税），则地理标志产品单位超额收益（E）计算如下：

$$E = (GPR_{(GI)} - GPR_{(GP)}) \times P = (32\% - 20\%) \times 35 = 4.2 \text{元}/\text{斤}$$

（三）地理标志产品年销售量（Q）

根据某黑猪地理标志产品历史养殖情况及未来发展规划，某省某县年平均黑猪产销量约为850万斤，即$Q = 850$万斤。

第七章　地理标志金融服务创新

（四）地理标志产品品牌强度乘数（K_m）

基于无形要素、质量、服务和保护创新等要素对某黑猪地理标志品牌进行评价，得到品牌评价得分为760分，按照满分1000分，取品牌强度乘数最大值为20，则某黑猪品牌地理标志产品品牌强度乘数（K_m）计算如下：

$$K_m = 760/1000 \times 20 = 15.2$$

（五）地理标志产品区域品牌价值（V_B）

将上述数据代入地理标志产品区域品牌价值计算公式，得出某黑猪地理标志品牌价值为：

$$V_B = E \times Q \times K_m = 4.2 元/斤 \times 850 万斤 \times 15.2 \approx 5.43 亿元$$

经评估，某黑猪地理标志品牌价值约为5.43亿元。

第三节　地理标志质押融资

一、地理标志质押融资的可行性探析

地理标志质押融资通过地理标志产品的生产者可以获得相应的融资支持，进一步促进地理标志产业的发展。

在对地理标志经济价值的分析中，笔者指出了地理标志经济价值的限制，地理标志的经济价值很难完整地变现，只能通过特定的市场主体集合中每一个市场主体单独去实现其价值。运用地理标志质押融资，核心就在地理标志这种特殊的无形资产的可变现性和变现难易程度。

首先,《商标法》赋予了商标的可转让属性,作为集体商标或证明商标的地理标志商标同样符合《商标法》框架下的可转让属性。其次,《集体商标、证明商标注册和管理办法》对集体商标、证明商标的转让作出了具体的限制,该办法第十六条规定:"申请转让集体商标、证明商标的,受让人应当具备相应的主体资格,并符合商标法、实施条例和本办法的规定。集体商标、证明商标发生移转的,权利继受人应当具备相应的主体资格,并符合商标法、实施条例和本办法的规定。"综合来讲,地理标志商标具有可变现性,但其变现是有较大难度的。探索地理标志质押融资,可从上述地理标志的可变现性出发,围绕地理标志商标进行。

二、我国地理标志质押融资发展状况

我国探索地理标志质押融资已有较长时间,早在2011年,江苏昆山巴城阳澄湖蟹业协会通过巴城阳澄湖大闸蟹地理标志质押,为生产企业和农户提供担保,向中国银行巴城支行申请获得了1亿元的授信额度。❶

目前,地理标志质押融资逐渐得到各方面的重视和推广,政府相关部门加强了对地理标志产品的保护和管理,鼓励企业、农民专业合作社等组织通过地理标志质押融资获取发展资金,银行和其他金融机构也逐渐意识到地理标志的潜力,开始探索提供专门的地理标志质押融资服务。一些地理标志产品已经成功地通过地理标志质押融资获得了资金支持,进一步发展壮大。地理标志质押融资为生产者提供了更多的资金来源,使得他们能够更好地在技术改进、品牌推广等方面加大投入,提高产品质量和竞争力。此外,地理标志质押融资还有助于激发地理标志产品生产者的创新激

---

❶ 周南.商标权质押融资成功案例选编[EB/OL].(2018-12-29)[2024-02-08].http://www.cmrnn.com.cn/news/content/2018-12-29/content_88267.html.

情，推动地理标志产品的不断升级和创新发展。

据不完全统计，全国各地已完成几十项地理标志质押融资，累计授信额度超过 50 亿元，部分授信额度超过 5000 万元的代表性地理标志质押融资项目如表 7-2 所示，其中授信额度最高的是 2023 年 4 月泰隆银行金华分行向金华两头乌猪生产经营者授信 20 亿元。❶

表 7-2　部分代表性地理标志质押融资项目

序号	年份	行政区域	地理标志名称	贷款银行	授信额度/亿元
1	2011	江苏苏州	巴城阳澄湖大闸蟹	中国银行巴城支行	1.00
2	2020	浙江台州	大陈黄鱼	泰隆银行台州分行	1.00
3	2021	江苏无锡	甘露青鱼	江苏银行无锡分行	0.80
4	2021	广东江门	新会陈皮	农业银行江门分行	6.00
5	2021	福建泉州	永春闽南水仙	永春县农信联社	1.00
6	2022	浙江温州	洞头羊栖菜	洞头农村商业银行	1.00
7	2022	广东梅州	梅县金柚	梅州农商银行	5.00
8	2022	浙江台州	黄岩蜜桔	黄岩农村商业银行	3.00
9	2022	上海	奉贤黄桃	中国银行上海分行	0.50
10	2022	安徽宿州	砀山酥梨	砀山农村商业银行	0.60
11	2022	安徽黄山	歙县山核桃	歙县嘉银村镇银行	0.50
12	2023	浙江金华	金华两头乌猪	泰隆银行金华分行	20.00
13	2023	辽宁大连	旅顺海带	大连银行旅顺口支行	0.55

资料来源：笔者根据公开信息整理。

三、创新地理标志质押融资模式的意义

创新地理标志质押融资模式存在多方面的重要意义，具体如下。

---

❶ 资料来源：地理标志网发表的文章《20亿元！"金华两头乌猪"地理标志证明商标使用权质押贷款授信正式落地》，2023 年 4 月 23 日。

（1）对于地理标志生产经营者而言，创新地理标志质押融资模式可以为其拓宽融资渠道，以获得更多的融资支持，更好地满足其资金需求。同时，新的模式可能会鼓励生产者在产品研发、技术改进、品牌推广等方面投入更多。获得融资支持的生产者可以更加积极地创新，提高产品的质量和附加值，进一步提升地理标志产品的市场竞争力。

（2）对于金融机构而言，创新地理标志质押融资模式可以引入多种类型的质押物，探索地理标志与其他无形资产的混合质押，从而实现风险的分散和平衡。同时，地理标志质押融资创新也是推动各类型金融机构认可地理标志无形资产价值的重要方式。通过地理标志集合授信模式，金融机构可针对农业生态大幅提升融资服务效率。

（3）对于地理标志产业而言，创新地理标志质押融资模式可以促进地理标志产业生态的发展，通过引入更多参与主体，不仅可以提供更多的融资来源，还可以吸引更多的创新和技术经验，有助于构建一个更加完整和协同的地理标志产业生态系统，从而推动整个产业链的发展和壮大。

四、地理标志质押融资操作模式及典型案例

随着我国地理标志质押融资的不断深入探索，创新做法层出不穷。目前地理标志质押融资已出现若干种不同的操作模式，从对地理标志质押物的处理角度概括地讲，地理标志质押融资有三种典型模式：一是地理标志商标直接质押模式；二是地理标志链接商品商标质押模式；三是地理标志"使用权+"商品商标质押模式。

（一）地理标志商标直接质押模式

地理标志商标直接质押模式是指地理标志商标持有人直接将地理标志

商标质押给金融机构，为地理标志产品生产经营者提供担保，金融机构向地理标志产品生产经营者提供贷款的模式。目前该模式在地理标志质押融资探索中运用较多，这种模式的优点是用质押的方式锁定了地理标志的价值，但是地理标志持有人的担保权利和地理标志商标的变现难度导致这种模式存在一定限制。

该模式操作如图 7-1 所示。

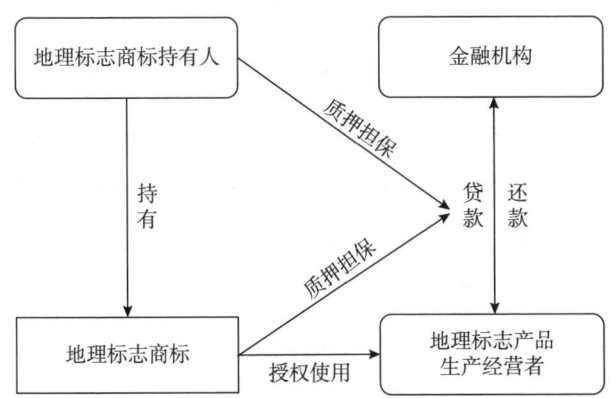

图 7-1　地理标志商标直接质押模式
资料来源：笔者根据公开信息整理。

地理标志商标直接质押模式的典型案例是福建省泉州市地理标志质押融资产品。该项目是在泉州市市场监督管理局指导下，根据《泉州市市场监督管理局等部门关于印发泉州市知识产权质押融资风险补偿金管理规定（试行）的通知》文件精神，福建省农村信用社联合社泉州办事处和担保机构、评估机构共同开展的泉州市地理标志商标质押融资风险补偿试点工作。经地理标志商标所有权人同意，以地理标志商标所有权为质押，由各农商银行、农村信用社联合社向泉州市地理标志商标授权使用的企业（农户）发放贷款。对该企业或农户发生的不良贷款本金损失纳入《风险补偿金管理规定》补偿范围内，按《风险补偿金管理规定》约定比例进行补偿。截至 2023 年年中，已完成永春闽南水仙、深沪糖芋、古浮紫菜、南安高茹芋头、虹山红心地瓜、惠安余甘、福前芦柑、永宁太平洋牡蛎、河市槟榔芋、德化陶瓷等多项地理标志商标质押融资项目，累计授信额度近 2 亿元。

（二）地理标志链接商品商标质押模式

地理标志链接商品商标质押模式是指地理标志商标持有人不质押地理标志商标，而仅作为链接渠道向金融机构推介地理标志产品生产经营者，地理标志产品生产经营者以自有商品商标提供质押担保，金融机构向地理标志产品生产经营者提供贷款的模式。该模式目前在部分地区探索地理标志质押融资中有运用，其优点是操作灵活，不涉及地理标志商标质押操作，但缺点是不能很好地锁定地理标志价值。

该模式操作如图 7-2 所示。

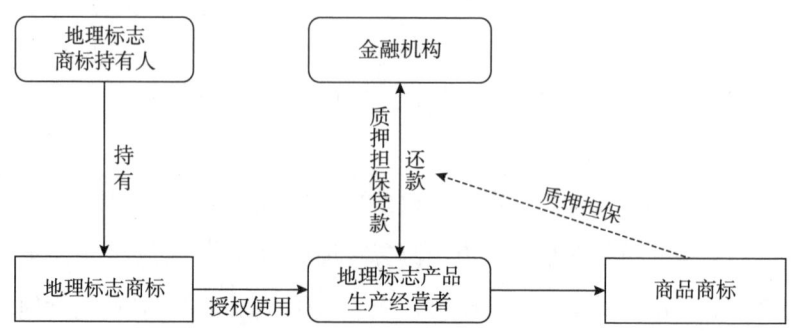

图 7-2　地理标志链接商品商标质押模式

资料来源：笔者根据公开信息整理。

地理标志链接商品商标质押模式的典型案例是广东江门新会陈皮地理标志质押融资项目。2021 年 12 月，广东省江门市举办全省首宗地理标志质押融资签约仪式，多家银行与新会陈皮企业签订质押融资意向合同，授信额度超过 6 亿元，惠及约 300 家企业。此次融资解决了新会陈皮企业的融资难问题，为特色产业发展注入了新动力，为乡村经济振兴增添了新活力。该项目是在江门市市场监督管理局（知识产权局）指导下，由中国农业银行江门分行等金融机构为新会陈皮地理标志产品生产经营者进行集中授信，采用地理标志产品生产经营者自有商品商标质押担保的方式，结合地理标志价值进行风险把控和贷款发放。❶

（三）"地理标志使用权+"商品商标质押模式

"地理标志使用权+"商品商标质押模式是指地理标志产品生产经营者以其持有的经地理标志商标持有人授权的地理标志使用权和商品商标共同提供质押担保，金融机构向地理标志产品生产经营者提供贷款的模式。该模式在前面两种模式的基础上进行了改进，综合了两种模式的优点，既规避了地理标志商标质押操作，又将地理标志使用权和商品商标价值打包组合进行质押，较好地突出了地理标志的价值，但地理标志使用权质押仍然存在一定的操作难度。

该模式操作如图7-3所示。

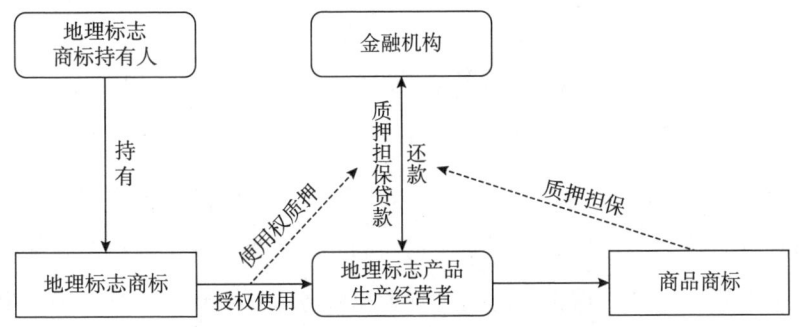

图7-3 "地理标志使用权+"商品商标质押模式
资料来源：笔者根据公开信息整理。

---

❶ 冯飞,雍凯雯.地理标志质押融资6亿元！"新会陈皮"为何如此值钱？[EB/OL].(2021-12-22)[2024-02-08].https://mp.weixin.qq.com/s?__biz=Mz3NDI3NjyMg==&mid=2649798378&idx=1&sn=2bec94de319d23f2b6d542cf35b282e&chksm=8719dd93b06e548525ce392e10d61eb612b07b482d4849124fb097fc155f860947495479&scene=27.

"地理标志使用权+"商品商标质押模式的典型案例是浙江金华两头乌猪地理标志质押融资项目。2023年4月，浙江金华熊猫猪猪两头乌产业发展有限公司代表"金华两头乌猪"地理标志证明商标使用单位与泰隆银行金华分行进行了"地理标志证明商标使用权+企业自主商标"质押贷款授信签约，对"金华两头乌猪"地理标志证明商标使用单位整体授信金额达20亿元。金华市市场监督管理局针对使用权人无法将地理标志作为出质标的的情况，鼓励银行创新推出"地理标志证明商标使用权+企业自主商标"的地理标志质押模式，真正实现"资源"变"资产"，"地标"创"效益"。此次授信签约有效盘活了"金华两头乌猪"地理标志价值，该项措施不仅拓宽了涉农群体融资渠道，还推进金融服务乡村振兴的积极探索。

第四节　地理标志保险

一、知识产权保险的基本概念

知识产权保险是指保险人为被保险人在开展知识产权活动时，对保险事故所造成的经济损失承担赔付责任的保险。目前我国知识产权保险覆盖了知识产权创造、保护、运用、管理及服务等各个环节，其保障对象主要为各类知识产权活动中的潜在损失，以及各类经营活动中涉及知识产权的潜在损失。截至2022年年底，全国已有超过22个省、99个地市开展了知识产权保险业务，累计为超过2.8万家企业的4.6万余件专利、商标、

地理标志及集成电路布图设计提供了逾 1100 亿元风险保障。❶

知识产权保险主要分为执行险、侵权险、职业险、运用险四大类。执行险是指对知识产权行权过程中产生的损失承担赔付责任的保险，包括专利被侵权的损失险、专利诉讼费保险等；侵权险是指对被诉知识产权侵权产生的损失承担赔付责任的保险，包括侵犯专利权责任保险、海外展会知识产权侵权诉讼险等；职业险是指对知识产权服务有关执业过程中产生的损失承担赔付责任的保险，包括知识产权代理险、知识产权评估师责任险等；运用险是指对知识产权运用过程中产生的损失承担赔付责任的保险，包括知识产权质押融资保证保险、知识产权许可费信用保险等。

知识产权保险是知识产权金融的重要分支，在知识产权运用和保护中发挥着重要作用，探索地理标志保险是我国地理标志知识产权保护、以地理标志助力乡村产业振兴的重要手段。

二、地理标志保险及其意义

我国地理标志保险起步较晚，目前主要是探索地理标志被侵权损失保险，属于执行类知识产权保险的一种特殊类型。

地理标志被侵权损失保险主要针对地理标志权利人被侵权造成的直接经济损失、诉讼费用、调查取证费用、鉴证评估费用提供风险保障的保险品种。目前，中国人保财险股份有限公司已推出地理标志被侵权损失保

---

❶ 国家知识产权局知识产权发展研究中心,中国人民财产保险股份有限公司.中国知识产权保险发展白皮书（2022）[EB/OL].[2024-02-08].https：//www.cnip-ipdrc.org.cn/ckfinder/userfiles/files/%E3%80%8%E4%B8%D%E5%9B%BD%E7%9F%A5%E8%AF%86%E4%B%7%E6%9D%83%E4%BF%9D%E9%99%9%E5%8F%91%E5%B1%95%E7%99%BD%E7%9A%AE4%B9%6%EF%BC%882022%EF%BC%89%E3%80%8B.pdf.

险，并在多个省份落地。

虽然我国目前地理标志保险仅有地理标志被侵权损失保险这一种类型，但探索多种类型的地理标志保险将有很大益处。主要益处如下。

①探索地理标志产品生产保险可以帮助地理标志产品生产者有效防范和应对生产过程中可能遇到的各种风险，如自然灾害、疫情、市场波动等，保险公司可以提供相应的保障和赔偿，减轻生产者的经济负担，使其能够更好地稳定经营和发展地理标志产业。

②探索地理标志产品质量保险有助于维护地理标志产品的品质和信誉，保险机构的参与可以对地理标志产品的生产过程进行监督和评估，确保产品符合相关质量标准和法规要求，这样一来，消费者可以更加信赖地理标志产品的品质和价值，进而提升产品销售和市场竞争力。

③地理标志产品生产保险和地理标志被侵权损失保险可以共同为地理标志产品生产者提供一定的风险补偿，使其在面临不确定性和风险时更加有信心和动力，这有助于促进地理标志产业的可持续发展，鼓励生产者继续投入和创新，推动地理标志产品的不断提升和发展。

三、地理标志保险案例

2020年3月28日，全国首单地理标志被侵权损失保险业务落地江苏盐城，由中国人保财险股份有限公司盐城市分公司承保，为地理标志集体商标"东台西瓜"提供了累计160万元的风险保障。后续江苏省多个地理标志投保了地理标志被侵权损失保险。2020年12月，"阳山水蜜桃"成为国内首个获得地理标志被侵权损失保险赔付的地理标志。

目前，全国多地已开展地理标志被侵权损失保险探索，部分区域地理标志保险投保情况如表7-3所示。

表 7-3　部分地理标志保险投保情况

序号	年份	地区	地理标志名称	保障金额/万元
1	2020	江苏	东台西瓜	160
2	2022	江西	赣南茶油、崇义南酸枣糕、会昌米粉、上犹绿茶、石城白莲	500
3	2022	浙江	大陈黄鱼	40
4	2023	广东	封开杏花鸡	4000
5	2023	云南	石林人参果	30
6	2023	广东	茂名荔枝	50
7	2023	河北	迁西板栗	100
8	2023	陕西	略阳乌鸡	30
9	2023	福建	九龙大白茶	150
10	2023	海南	大坡胡椒	100
11	2023	浙江	平湖西瓜	100
12	2023	安徽	休宁泉水草鱼	100

资料来源：笔者根据公开信息整理。

第五节　地理标志证券化

一、知识产权证券化的基本概念

知识产权证券化（IP-Backed Securities）是指将原始权益人拥有的基础资产（知识产权衍生的债权、收益权）打包移转至特殊目的机构（Special Purpose Vehicle），实现"真实出售"和"风险隔离"，以知识产权衍生债权或收益权未来产生的现金流为偿付支持，通过结构化设计进行信用增级，在此基础上发行资产支持证券的过程。

知识产权证券化被认为是知识产权运营体系"皇冠上的明珠",本质是将流动性差的知识产权资产转换为流动性强的知识产权证券。该方法对于基础资产的要求是具有稳定的、可特定化的现金流,因此其具体操作并非将知识产权这一"产权"本身证券化,而是将知识产权衍生的债权、收益权证券化。

国际上最早的知识产权证券化项目出现在版权领域,1997年,摇滚歌手大卫鲍伊以其持有的25张唱片发行收入作为基础资产,发行了5500万美元资产支持证券,被称为"鲍伊债券"。

二、我国知识产权证券化的发展状况和操作模式

我国知识产权证券化同样发端于版权领域,早在2019年,爱奇艺以其对上游影视剧制作企业购买影视节目网络播放权形成的应收账款作为基础资产发行了"奇艺世纪知识产权供应链金融资产支持专项计划",发行规模4.7亿元,成为我国首单成功发行的知识产权证券化项目。

我国科技型企业对于知识产权证券化有着广泛的需求,因而我国大范围探索知识产权证券化多服务科技型企业,形成了以专利为基础构建债权或收益权形成基础资产的核心模式。截至2022年年底,全国已累计发行知识产权证券化产品101单,累计发行规模246.48亿元。❶其中主要的操作模式区别在于基础资产的构建方式不同。

我国知识产权证券化在探索过程中形成了四种不同的基础资产构建模式,具体如下:

①知识产权供应链金融模式:以知识产权转让形成的应收账款作为基础资产,是一种基于知识产权的供应链金融资产证券化模式,典型案例是

---

❶ 资料来源:北京智慧财富知识产权金融研究院、北京中金浩资产评估有限责任公司。

"奇艺世纪知识产权供应链金融资产支持专项计划"。

②知识产权售后回租模式：以知识产权作为融资租赁售后回租标的物，底层企业和融资租赁公司之间形成售后回租关系，融资租赁公司以知识产权融资租赁应收租金作为基础资产，典型案例是"第一创业文科租赁一期资产支持专项计划"。

③知识产权二次许可模式：以知识产权构建许可关系，底层企业和原始权益人（融资租赁公司或知识产权运营公司）之间形成两次许可关系，原始权益人以第二次许可应收许可费作为基础资产，典型案例是"兴业圆融广州开发区专利许可资产支持专项计划"。

④知识产权质押贷款模式：以知识产权质押为基础构建贷款关系，贷款方以知识产权质押贷款应收本息作为基础资产，典型案例是"南山区-中山证券-高新投知识产权1期资产支持计划（疫情防控）"。

从适用企业类型、知识产权类型、原始权益人类型、可复制性等角度分析上述四种基础资产构建模式如表7-4所示。

表7-4　知识产权证券化基础资产构建模式分析

基础资产构建模式	适用企业类型	知识产权类型	原始权益人类型	可复制性
知识产权 供应链金融模式	文创类企业	著作权	保理公司	很弱
知识产权 售后回租模式	科技型企业 文创类企业	专利权 商标权、著作权	融资租赁公司	弱
知识产权 二次许可模式	科技型企业 文创类企业	专利权 商标权、著作权	融资租赁公司知识产权运营公司	强
知识产权 质押贷款模式	科技型企业 文创类企业	专利权 商标权、著作权	小额贷款公司 银行类金融机构 其他类型公司	强

资料来源：笔者根据公开信息整理。

根据表7-4分析，知识产权供应链金融模式由于其覆盖的商业模式所限，可复制性很弱；知识产权售后回租模式存在一定的可复制性，但由于需要转移知识产权相关权利而对底层企业有所限制，因此可复制性受限；知识产权二次许可模式和知识产权质押贷款模式可复制性较强。

除了基础资产构建模式，知识产权证券化操作中需要解决的另一关键问题是外部增信方式，目前实践中已形成三种不同的外部增信方式，具体如下：①区域内国有金控平台（AA+以上主体评级）提供差额支付承诺；②区域外引入符合资格的主体（AA+以上主体评级）提供差额支付承诺；③底层担保+符合资格的主体（AA+以上主体评级）提供差额支付承诺。

三、适用于地理标志证券化的模式探索

根据上述对我国知识产权证券化的探索分析，要进行地理标志证券化操作，需要基于地理标志的特性设计基础资产构建模式，增信模式可参考借鉴现有方式，笔者设想适合于地理标志证券化的模式有两种：一是地理标志质押贷款证券化模式；二是地理标志授权许可费证券化模式。

（一）地理标志质押贷款证券化模式

地理标志质押贷款证券化模式是指以地理标志质押贷款形成的贷款应收本息作为基础资产发行资产支持证券的模式，地理标志质押贷款可参考本章第三节所介绍的具体模式操作。该模式交易架构如图7-4所示。

第七章 地理标志金融服务创新

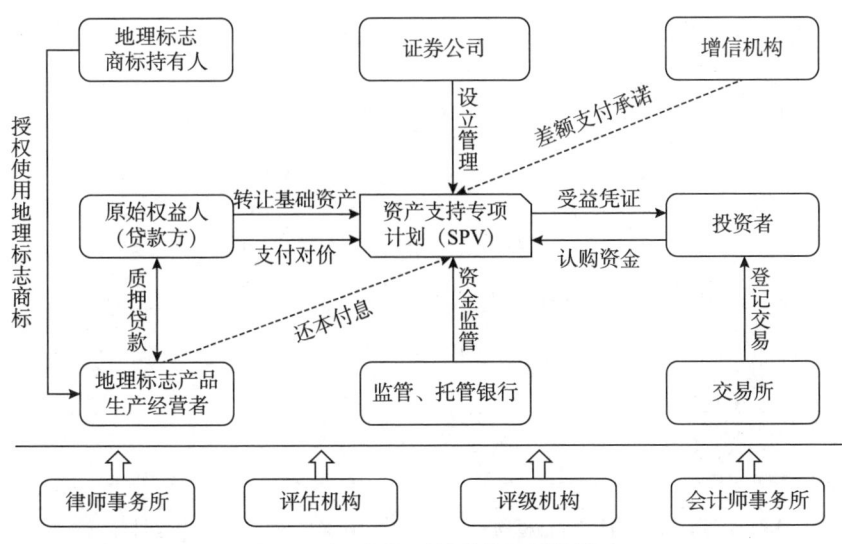

图 7-4 地理标志质押贷款证券化模式

具体操作步骤包括：①地理标志产品生产经营者基于地理标志商标使用权及其自有商标质押获得原始权益人贷款；②原始权益人将地理标志质押贷款应收本息转移至证券公司设立的资产支持专项计划（SPV）；③3对基础资产进行结构化分层，并引入增信机构对优先级证券提供差额支付承诺；④证券公司将项目有关资料申报至交易所，经交易所审批合格后向投资者开展发行工作。

该模式延续知识产权证券化现有探索中的知识产权质押贷款模式构建基础资产，具有操作灵活、易于复制的特点，适合所有类型的地理标志。

（二）地理标志授权许可费证券化模式

地理标志授权许可费证券化模式是指以地理标志授权许可使用费作为基础资产发行资产支持证券的模式，该模式需引入地理标志管理人角色，专门服务地理标志商标等知识产权的运营管理。该模式交易架构图如

图 7-5 所示。

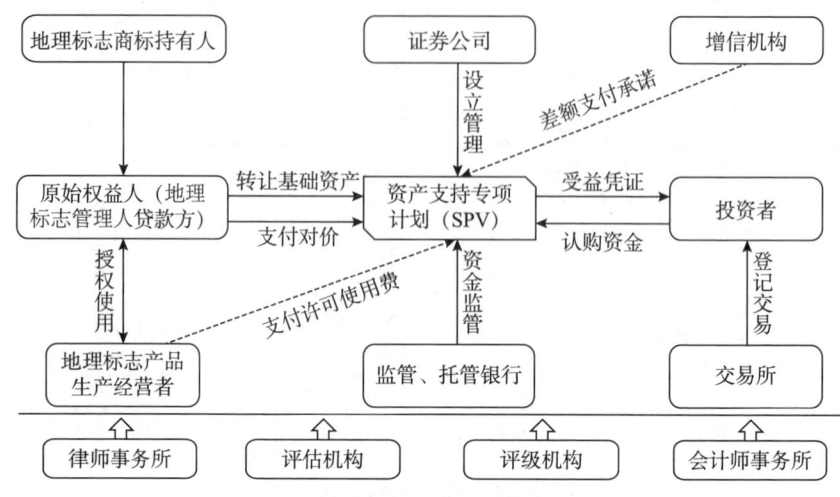

图 7-5　地理标志授权许可费证券化模式

具体操作步骤包括：①引入地理标志管理人作为原始权益人，由地理标志商标持有人授权其管理地理标志，地理标志管理人授权地理标志产品生产经营者使用地理标志并收取许可使用费；②原始权益人将地理标志授权许可费收费权益转移至证券公司设立的资产支持专项计划（SPV）；③对基础资产进行结构化分层，并引入增信机构对优先级证券提供差额支付承诺；④证券公司将项目有关资料申报至交易所，经交易所审批合格后向投资者开展发行工作。

该模式具有较强的创新性，能够较好地突出地理标志价值，但需要突破一些法律制度的限制。期待未来会有进一步的探索。

四、探索地理标志证券化的意义

我国探索地理标志证券化还有很大难度，但尝试地理标志证券化具有深广的意义，具体体现为以下四个方面。

①地理标志证券化可以吸引更多的投资者参与地理标志产业中，为地理标志产品生产经营者提供一种新的融资渠道。通过将地理标志进行知识产权证券化，可以吸引更多类型的金融资本关注地理标志产业，为地理标志产业提供更多的资金来源。

②地理标志证券化可以促进地理标志产业的规范化和透明化。通过地理标志证券化，地理标志知识产权的所有权、经营权益等可以更加清晰地界定和交易，提高了产业的流动性和可操作性。

③地理标志证券化可以吸引更多的国内外投资者，进一步提升地理标志品牌的知名度和价值。投资者的参与，尤其是机构投资者，将为地理标志产品带来更广泛的市场影响力和市场推广机会。

④地理标志证券化可以为地理标志产业带来更多的资金投入和专业投资管理，有助于推动产业的创新和升级。通过引入专业投资者和管理团队，提升产业的管理水平和技术水平，进一步提高地理标志产品的竞争力和附加值。

第八章 地理标志的保护与维权

在地理标志领域，任何侵权行为均将严重扰乱市场正常秩序，侵犯广大消费者的合法权益，进而使得地理标志产品难以获得与其卓越品质相称的市场定价，对地方经济构成不容忽视的负面影响。鉴于地理标志维权工作的复杂性与长期性特征，其重要性及艰巨性尤为凸显。本章将深入阐述如何通过行政与司法手段加强地理标志的保护，维护市场的良性竞争秩序，确实保障消费者的合法权益。

第一节 地理标志民事维权

地理标志民事维权的核心手段在于地理标志商标的运用。民事维权，即通过法律途径解决争议，具体到地理标志维权，其流程、胜诉可能性及赔偿额度等问题，均值得深入研究。此章我们选取维权力度显著的地理标志商标"西湖龙井"（图 8-1）作为研究样本，以期提供翔实的分析与介绍。

第八章 地理标志的保护与维权

图8-1 "西湖龙井"地理标志商标注册信息

一、调研分析

1. 胜诉率

我们首先以大家最关注的胜诉率为切入点。在中国裁判文书网上以"西湖区龙井茶产业协会"为关键词检索，共获取了1036条相关信息，按时间顺序进行排列，其中，2019年涉及的信息数量约为173条，这姑且可以认为是西湖区龙井茶产业协会针对其"西湖龙井"证明商标发起的173起维权案件。针对这173起案件的数据显示，约有90%的案件在一审阶段即以裁定书形式结案。通过进一步分析裁定书内容，发现这些案件多因西湖区龙井茶产业协会的撤诉而终结，这表明该协会在维权案件的一审过程中更倾向于通过调解方式解决纠纷。剩余不到10%的案件则以判决书形式结案，其中部分案件甚至进入了二审程序。然而，无论案件走向如何，西湖区龙井茶产业协会在这些案件中几乎全部胜诉。

2. 赔偿金额

根据"西湖龙井"维权案件的裁定结果，可以推断出西湖龙井茶产业协会在一般情况下提出的赔偿数额大致为6万元至10万元。在已判决结案的案例中，赔偿金额普遍约为1.5万元（包含合理开支），其中最高的赔偿案例达到了12万元，而最低的则为0.8万元。

二、诉讼材料的准备

在涉及地理标志维权的民事诉讼中，遵循既定的法律程序与规则是至关重要的。此类案件中，证据材料的完整性和详尽性对于案件的胜负及最终可能获得的赔偿额度具有直接影响。因此，权利方为了增强案件的说服力且提高胜诉可能性，应尽可能全面地收集并提交相关证据材料。一般而言，这些材料可以涵盖以下几个主要方面。

（一）主体信息

包括协会（商标注册人）的登记证，协会法定代表人身份证明、身份证复印件。

（二）证据材料

①商标注册证书及商标使用证据：包括但不限于授权许可使用合同、商标官方网站上的许可备案记录、被许可使用企业的使用证明（如包装图样，与许可合同相对应）及相关媒体的报道等。

②采购证据：针对被告的侵权指控，各地法院普遍要求提交采购证据，且该采购过程需通过公证方式进行取证。采购公证主要分为现场公证

与网购公证两种形式。值得注意的是，部分市县级的公证机构可能对此类业务不够熟悉，所出具的公证书可能无法满足诉讼要求。因此，建议寻求具备相关业务经验的公证机构进行公证。

③其他相关材料：如产品介绍，涵盖产品的历史渊源、地理标志的申请与取得时间、地理标志的主要特点及政府所做的工作等；知名度信息，包括各级政府、全国性展会、全国性民间组织及国际机构颁发的荣誉奖项，省级以上新闻媒体的宣传报道，行业内外各类机构发布的排名与学术性文章的提及等；销售证据，需提供与各省份知名销售单位或大型平台签订的销售合作协议，涉及销售内容的新闻报道等；最关键的，还需收集被告的销售数据作为证据。

三、诉讼的核心问题

继续以"西湖龙井"维权案件为例，深入剖析其判决结果，从而提炼出地理标志商标在民事维权过程中的核心问题。

（一）被告的抗辩

在"西湖龙井"商标侵权案中，被告方通常会提出若干抗辩主张，这些主张经归纳如下：①质疑公证流程的合法性（此抗辩在多数情况下未获法院支持）。②主张侵权商品源自第三方，即指称存在假冒行为者。③强调自身经营规模有限，所引致的损害微乎其微，或销售量稀少，进而认为索赔金额过高，显失公平。④采取集体行动。特别是某地区的茶叶经销商集体向政府部门及行业协会反馈，就西湖龙井维权行动表达关切。某省茶叶行业协会先后组织专家学者召开专题研讨会，并提出观点，认为西湖区龙井茶产业协会的维权行动涉嫌采用诱饵式取证手法，其目的旨在牟取私利，且维权行为本质上有分赃之嫌，被指为精心设计的策略。然而，上述观点及抗辩理由在司法实践中均未获得法院的支持与采纳。

（二）相关方责任

在探讨地理标志侵权案件时，原告方往往倾向于将销售市场或网络平台作为共同被告进行起诉。销售市场或网络平台作为共同被告的实体是否需承担法律责任，需依据相关法律法规及案件具体事实进行综合分析。若这些主体在销售或提供平台服务过程中存在直接侵权行为或未尽到合理的审查、注意义务，导致权利人地理标志权益受到侵害，则有可能被判定为共同侵权，并需承担相应的赔偿责任。在处理此类案件时，法院会依据法律规定，结合案件具体情况对销售市场或网络平台的责任进行明确划分和判定。

1. 销售市场

西湖区龙井茶产业协会已将某些茶叶市场一并列为共同被告，要求市场方同样承担侵权责任。然而，在部分法院的判决中明确指出了市场开办方在监管商户经营行为上的局限性，即其无法实施实时的全面监控，亦不具备直接制止商户侵权行为的法定职权。市场开办方在客观上已通过制定合同条款、要求商户签署承诺书及采取警示、宣传等多种措施，对市场内的店铺提出了明确的守法经营要求。同时，目前尚无确凿证据显示市场开办方为涉案店铺的侵权行为提供了任何形式的便利条件。在已检索到的相关案例中，普遍未见到市场方被判承担赔偿责任的情形。

2. 超市、电商平台

在涉及茶叶销售的案例中，超市作为销售渠道之一，其设立的茶叶专柜成为法律争议的核心。针对西湖区龙井茶产业协会对某市某连锁超市提起的诉讼，法院经过审理最终判决该超市需承担因侵权行为所引发的法律责任。在另一起案件中，侵权茶叶的购买地点为某酒店，尽管发票项目标注为房费，但法院认定酒店在此交易中涉及侵权，并据此判决酒店需承担相应的赔偿义务。

随着电商行业的快速发展，电商平台已成为商品销售的重要渠道之一。然而，在电商平台上，假冒地理标志产品的现象屡见不鲜。西湖区龙井茶产业协会在维权过程中曾将某著名电商平台一同列为被告，但法院在审理后认为，电商平台并未直接实施侵权行为，因此不承担侵权责任，这一判决体现了法律对不同市场主体在侵权行为中责任界定的严谨与理性。

（三）如何辨别产品真假

"舟山带鱼 ZHOUSHANDAIYU 及图"经核定被授予地理标志证明商标，其核定使用商品为第 29 类，具体包括非活的带鱼及带鱼片。2011 年，该商标的注册单位——舟山市水产协会在北京华冠商贸有限公司（简称"华冠公司"）所经营的华冠购物中心发现了由北京申马人食品销售有限公司（简称"申马人公司"）生产的"舟山精选带鱼段"产品，该产品的外包装显著位置未经授权地使用了"舟山带鱼"字样。鉴于此情况，舟山市水产协会向北京市第一中级人民法院提起了诉讼，旨在要求申马人公司即刻停止生产及销售涉及侵权的商品，并要求华冠公司也立即停止销售相关商品。同时，舟山市水产协会还提出了由两被告共同承担经济损失赔偿的诉求，赔偿金额共计人民币 20 万元。❶

针对舟山市水产协会的起诉，申马人公司辩称其所生产加工的系来自舟山地区的带鱼，属于对"舟山带鱼"文字的合理使用；另一被告华冠公司辩称其通过合法购销渠道购得该涉案产品，因此不应承担赔偿责任。在

---

❶ 北京市高级人民法院（2012）高民终字第 58 号民事判决书。

一审程序中，法院根据舟山市水产协会的指控，明确了侵权认定的核心要素，即申马人公司使用"舟山精选带鱼段"标识的商品必须被证明其原产地非舟山海域，这一举证责任由舟山市水产协会承担。鉴于舟山市水产协会未能提供任何相关证据，法院据此判定其关于申马人公司及华冠公司侵犯其商标权益的主张缺乏事实和法律依据，遂驳回其全部诉讼请求。

在二审程序中，法院对举证责任的分配进行了审慎调整，明确指出作为涉案商品的生产者，申马人公司负有直接证明该商品确实源自浙江舟山海域的举证责任。鉴于申马人公司所提交的证据材料，诸如银行对账单、采购合同等，未能形成直接且充分的证据链，无法确凿无疑地证明涉案商品的原产地为浙江舟山海域，故法院认定其未能完成举证责任。基于上述理由，二审法院依法撤销了一审判决，并作出新的判决，责令申马人公司即刻停止侵权行为，并依法承担相应的赔偿责任。同时，鉴于华冠公司作为涉案商品的销售者已有效证明其购货来源的合法性，并在得知情况后迅速采取了下架措施，因此法院判定其无须承担此次侵权行为的赔偿责任。

该案核心议题聚焦于地理标志产品真伪的鉴别问题。对此，我们应严格遵循相关地理标志商标的使用管理规则作为判定依据。根据《集体商标、证明商标注册和管理规定》，每一地理标志商标均配套有详尽的使用管理规则，其中明确规定了使用该商标的必要条件，这些条件正是甄别地理标志产品真伪的基准。以"舟山带鱼"为例，其真伪的判定需严格遵循《"舟山带鱼"证明商标使用管理规则》。依据此规则，任何产品欲使用"舟山带鱼"商标必须同时满足以下三个条件：①产品必须源自浙江省舟山渔场划定的特定区域；②其产品质量，包括感官及理化指标，均须达到既定标准；③加工过程需严格遵循舟山带鱼的专属加工规范。

在实际操作中，对于地理标志产品是否确实源自其原产地，以及是否满足既定的质量标准，均需有确凿的证据予以支持。关于这一举证责任的归属问题，各地法院存在不同的司法观点。以该案为例，北京市第一中级人民法院倾向于由原告承担举证责任，而北京市高级人民法院则持相反意见，认为应由被告负责举证。

第二节　地理标志刑事与行政维权

一、刑事维权

地理标志商标若未经合法授权擅自使用，可能触犯我国刑法相关规定，具体可能构成假冒注册商标罪等刑事违法行为。一旦发现此类涉嫌犯罪的行为，相关权利人可通过刑事司法途径采取必要的法律手段以维护自身合法权益。

（一）地理标志涉及的犯罪

1. 假冒注册商标罪

在中国裁判文书网检索到（2018）赣0726刑初55号刑事判决书。被告人谢××、梅××伙同他人利用湖南脐橙假冒赣南脐橙，使用"赣南脐橙"注册商标，情节严重，两被告人的行为均已构成假冒注册商标罪，依法判决被告人谢××犯假冒注册商标罪，判处有期徒刑一年六个月，缓刑一年十个月，并处罚金八万元；被告人梅××犯假冒注册商标罪，判处有期徒刑一年六个月，缓刑一年十个月，并处罚金八万元。

"假冒注册商标罪"规定在《刑法》第二百一十三条规定："未经注册商标所有人许可，在同一种商品、服务上使用与其注册商标相同的商标，情节严重的，处三年以下有期徒刑或者拘役，并处或者单处罚金；情节特别严重的，处三年以上十年以下有期徒刑，并处罚金。"

依据我国《刑法》的相关规定，构成假冒注册商标罪需满足以下严格界定的条件：

①行为人未经注册商标所有人的明确许可擅自使用其注册商标。

②该犯罪行为涉及在同一种商品上，行为人使用了与注册商标完全一致的商标。此处的"完全相同"包括商标的文字、图形等全部构成要素均须一致。例如，若"赣南脐橙"商标由特定文字与图形共同构成，仅使用文字部分而未使用图形，则不构成与注册商标完全相同。同时，使用该商标的商品必须属于同一类别（如上述案例，同为脐橙），上述两个条件缺一不可。根据法律规定，仅当行为人的上述行为达到情节严重的程度时，方构成犯罪。关于"情节严重"的界定，依据最高人民检察院与公安部联合发布的《关于经济犯罪案件追诉标准的规定》，具体包括但不限于：非法经营数额达到十万元以上；若为单位犯罪，非法经营数额则需达到五十万元以上；或行为人因侵犯商标权已受过两次行政处罚，再次实施同类侵权行为的，均视为情节严重，应依法追究其假冒注册商标罪的刑事责任。

2. 其他犯罪

涉及地理标志商标的犯罪行为，主要包括但不限于以下两项：

①销售假冒注册商标的商品罪。具体而言，当个人或单位在明知商品为假冒注册商标商品的情况下仍进行销售，且销售数额分别达到十万元以上或五十万元以上时，即构成此罪。

②非法制造、销售非法制造的注册商标标识罪。此罪包括伪造、擅自制造他人注册商标标识及销售此类标识的行为。当非法制造、销售的注册商标标识数量达到二万件（套）以上，或违法所得数额超过二万元，或非

法经营数额超过二十万元时,即满足该罪的构成要件。此外,若涉及非法制造、销售非法制造的驰名商标标识,即便未达到上述数额标准,但若曾因此行为受过两次以上行政处罚后再次实施,或利用贿赂等非法手段推销非法制造的注册商标标识,亦同样构成此罪。

(二)刑事维权途径

刑事维权流程相对较为直接,一旦发现侵权线索应及时向所在地的公安机关进行报案。相较于法院,公安机关在报案材料的准备上要求相对较为宽松。一旦报案被受理,公安机关将立即开展立案侦查工作。若经过侦查确认构成犯罪行为,公安机关将依法将案件移送至检察机关,由检察机关进一步提起公诉。关于具体的法律程序,在此不做深入的阐述。

二、行政维权

在发生非法使用地理标志产品名称或专用标志等违法情形时,应依法采取行政手段以遏制侵权行为。据国家知识产权局统计,2023 年,全国各级市场监管部门共成功查处地理标志相关案件 418 起,涉及案值高达 299.44 万元,并已将其中 2 起案件依法移送至司法机关处理。

《中华人民共和国民法典》第一百二十三条将地理标志作为知识产权的客体之一,同时地理标志专用标志可作为官方标志受到《商标法》的保护。由国家知识产权局发布的《地理标志产品保护办法》自 2024 年 2 月 1 日起正式施行。

1. 法律法规依据

《地理标志产品保护办法》将保护依据进一步明确为《中华人民共和

国民法典》《商标法》《中华人民共和国产品质量法》《中华人民共和国标准化法》《中华人民共和国反不正当竞争法》。

2. 依规处理的违法行为

《地理标志产品保护办法》明确了包括在产地范围外的相同或者类似产品上使用受保护的地理标志产品名称、冒用或者伪造专用标志等9种具体违法行为，具体如下。①在产地范围外的相同或者类似产品上使用受保护的地理标志产品名称的；②在产地范围外的相同或者类似产品上使用与受保护的地理标志产品名称相似的名称，误导公众的；③将受保护的地理标志产品名称用于产地范围外的相同或者类似产品上，即使已标明真实产地，或者使用翻译名称，或者伴有如"种""型""式""类""风格"等之类表述的；④在产地范围内的不符合地理标志产品标准和管理规范要求的产品上使用受保护的地理标志产品名称的；⑤在产品上冒用地理标志专用标志的；⑥在产品上使用与地理标志专用标志近似或者可能误导消费者的文字或者图案标志，误导公众的；⑦销售上述产品的；⑧伪造地理标志专用标志的；⑨其他不符合相关法律法规规定的。

3. 管理和保护部门

地方知识产权管理部门负责本行政区域内的地理标志产品及专用标志的管理和保护工作。

4. 典型案例

在辽宁省知识产权局公布的《2023年度专利商标地理标志行政执法典型案例》中记录了一起涉及擅自使用地理标志专用标志商品的案件。2023年10月17日，沈阳市浑南区市场监督管理局在例行检查中发现，某便利店所销售的粉丝商品涉嫌未经授权使用"龙口粉丝"地理标志专用标志。经查实,"龙口粉丝"作为地理标志产品,其保护范围明确限定为山东省烟台市辖区的龙口市、招远市等特定区域,而涉案商品的产地并不在这一保护范围内。此外,通过检索国家知识产权局地理标志专用标志备案企业名单,确认涉案商品的生产厂家并非该地理标志专用标志的合法使用人。鉴于上述行为违反了《地理标志产品保护规定》第二十一条和《中华人民共和国产品质量法》第三十八条的相关规定,沈阳市浑南区市场监督管理局依据《地理标志产品保护规定》第二十四条和《中华人民共和国产品质量法》第五十三条的规定,对当事人作出了责令改正违法行为、没收违法所得及罚款的行政处罚决定。❶

值得注意的是,地方知识产权管理部门获取地理标志产品/专用标志的侵权线索,可能源于权利人的举报、上级知识产权管理部门的移送,或是在日常的例行检查中自行发现。在该案中,生产厂家采取在商品包装袋上简化标注生产厂家和地址、省略行政区划信息的做法使普通消费者难以准确判断产品的合法来源,该行为具有一定误导性,严重侵害了地理标志权利人的合法权益。同时,商家的销售行为也极易导致消费者将涉案商品误认为是"龙口粉丝"地理标志保护产品,从而损害了消费者的权益。该案的成功查处有效维护了"龙口粉丝"地理标志品牌的良好商誉,切实保障了消费者的合法权益。

第三节　地理标志维权与防护

地理标志保护是一项复杂的系统工程,它要求构建一套全面的防护体系。在致力于保护地理标志的过程中,我们亦需警惕,以防其保护地位遭

---

❶ 资料来源:辽宁省 2023 年度专利商标地理标志行政执法典型案例,2024 年 4 月 30 日。

受撤销之虞。以下列举地理标志防护体系中若干需予重视的关键事项。

一、防止近似商标的注册

地理标志的申请及后续维权过程中，往往会遭遇来自多方面的侵蚀与争议。以下我们将详细介绍两个相关案例。

（一）两个"黄金茶"之争

2010年8月2日，保靖县茶叶产业开发办公室正式向商标局递交了"保靖黄金茶"的地理标志商标申请，并于2011年7月28日成功获得授权。然而，2014年12月9日，吉首市经果技术推广站亦向该局提交了"湘西黄金茶"的地理标志商标申请，该申请于2016年9月6日发布了初步审定公告。❶

针对此情况，保靖县天成黄金茶产销专业合作联社与保靖县茶叶产业开发办公室随即提出了异议，但商标局并未采纳其意见，并决定准予"湘西黄金茶"的注册。此后，保靖县茶叶产业开发办公室、保靖县农业技术推广中心及保靖县茶叶产业发展协会联合向商标评审委员会提起了地理标志商标"湘西黄金茶"的无效宣告请求，但国家知识产权局在2019年裁定维持了该商标的注册。面对此裁定，保靖县茶叶产业开发办公室与保靖县茶叶产业发展协会选择向北京知识产权法院提起诉讼，要求撤销国家知识产权局的裁定，北京知识产权法院驳回了其诉讼请求。随后，保靖县茶叶产业开发办公室向北京市高级人民法院提起了上诉，但在二审审理阶段主动撤回了上诉。值得注意的是，保靖县作为湖南湘西州的一个下辖县，

---

❶ 该案例由湖南省保靖县农业技术推广中心龙春华提供。

同时存在"保靖黄金茶"与"湘西黄金茶"两个黄金茶品牌,这无疑给消费者带来了混淆与困扰。从市场角度来看,保靖县茶叶产业开发办公室及其相关机构对"湘西黄金茶"的注册提出异议并申请无效宣告是出于保护自身品牌权益及市场秩序的考虑,具有一定的合理性与必要性。

(二)防止"傍名牌"

笔者作为地理标志商标"庐山云雾茶"的注册人九江市茶叶产业协会的顾问,偶然通过检索发现某企业在电商平台上擅自销售与"庐山云雾茶"商标相同或近似的牙膏牙粉产品。鉴于此情况,笔者迅速向九江市茶叶产业协会报告,并同时协助协会向九江市市场监督管理局提交了针对涉案企业的投诉材料,请求对该地理标志证明商标给予驰名商标保护,并禁止侵权企业继续使用。❶

九江市市场监督管理局在接到报告后,立即对生产庐山云雾茶牙膏的涉案企业进行了立案调查。经调查,该案符合《商标法》第十三条第三款规定的情形。依据《驰名商标认定和保护规定》第十一条的规定,九江市市场监督管理局将驰名商标认定请示及案件材料副本报送至江西省知识产权局,并根据《市场监督管理行政处罚程序暂行规定》第四十三条第一款第(二)项的规定,中止案件调查。

江西省知识产权局经过核实和审查,认为该案符合相关规定,遂依据《驰名商标认定和保护规定》第十二条的规定报请国家知识产权局对"庐山云雾茶"商标进行驰名商标认定。2021年5月20日,国家知识产权局正式批复,认定使用在第30类茶商品上的"庐山云雾茶"商标为驰名商标,并同意对其进行扩大保护。涉事企业最终也受到了相应的查处。

---

❶ 资料来源:微信公众号"国家知识产权局政务微信"发表的文章《以案释法:江西省九江市市场监管局查处侵犯"庐山云雾茶"驰名商标案》,2021年10月9日。

该案的亮点在于，地理标志商标的管理方在发现侵权线索后，迅速采取了行政保护措施，并同时向主管部门申请了驰名商标保护。值得注意的是，该案所涉注册商标在行政执法环节获得驰名商标保护，需同时满足四个要件：一是涉案商品与该注册商标核定使用的商品不类似；二是涉案商标构成对该注册商标的复制、模仿或翻译，并且涉案商标与该注册商标构成近似商标；三是该注册商标在中国为相关公众所熟知；四是涉案商标在涉案商品上的使用会误导公众，从而可能损害驰名商标注册人的利益。这四个要件为该案的成功处理提供了坚实的法律基础。

二、用基因技术验证地理标志产品真假

从上述"舟山带鱼"案例中可以明显观察到，在地理标志维权过程中如何准确鉴别产品的真伪是至关重要的环节。近期，通过微信平台传播的一则信息表明，知名打假人士王某指出某某甄选自营产品中存在假冒"五常大米"的情况，其依据在于通过DNA检测技术发现所售"五常大米"并非真正的稻花香2号品种。这一事件引发了关于基因技术是否能有效应用于鉴别地理标志产品真伪的深入讨论。

（一）什么样的大米才能叫"五常大米"

"五常大米"是地理标志产品，其定义在标准GB/T 19266—2008中有明确阐述：在国家质量监督检验检疫行政主管部门批准保护的范围内，使用五优稻、松粳系列及通过审定的其他符合五常种植条件的优质粳稻品种，采用具有五常特色的一段超早育苗及大棚旱育苗等栽培技术生产的粳稻为原料，经加工而成的大米。此外，"五常大米"也作为地理标志证明商标受到保护。《五常大米证明商标使用管理规则》进一步对其进行了严

格界定，要求产品必须满足以下条件：①稻子必须是在保护范围内（五常市部分乡镇）种植的；②产品品质必须达到一定的要求；③产品加工过程必须符合加工标准。

值得注意的是，"稻花香"作为水稻的一个品种，并未在两个地理标志保护规则中被明确限定为"五常大米"的唯一品种。"稻花香"水稻可在多地种植，即便在五常市以外地区种植的"稻花香"通过基因检测被证实为正宗，但若以其名义冒充"五常大米"销售则构成假冒行为，是法律所不容。此案揭示了王某对地理标志制度认知的不足，他未能理解仅凭"稻花香"品种并不能作为验证"五常大米"的唯一依据。

（二）基因检测技术验证地理标志产品真伪

DNA作为独特的生物标识符，在产品的识别与追溯中扮演着至关重要的角色。这一技术能够为消费者提供完全可追溯的农产品，从而显著增强消费者对地理标志农产品供应链的信任与信心。基因检测技术确实能够验证地理标志产品的真伪。在此方面，爱尔兰食品安全公司已与瑞士肉类行业协会达成共识，共同为所有瑞士牛肉构建基于DNA的追溯体系。北京艾格瑞吉数据科技有限公司等新兴科技型企业已经将此类基因检测溯源技术广泛应用于海鲜和肉类等产品的验证过程中。

1.基因检测技术在地理标志产品中的运用

"五常大米"并未明确指定具体的品种归属，而部分地理标志产品诸如"玉山黑猪"与"泰和乌鸡"，则明确指向了特定的畜禽品种。对于传统品种"玉山黑猪"与"泰和乌鸡"均设有专门的保种场，旨在保护其祖代种猪与种鸡的纯正血统。市场上销售的"商品代"产品均为这些祖代种群的子孙后代，因此，通过先进的基因检测技术可以有效验证其产品是否源自正宗的"玉山黑猪"或"泰和乌鸡"。这种检测手段具有极高的可靠性，即便是在产品被加工成餐桌上的肉品后依然能够准确识别其品种来源。此外，该技术的实施成本相对较低。由于保种场内的祖代种猪与种鸡数量有限，部分保种猪场的种猪数量甚至可能仅以个位数计，而鸡保种场的种鸡数量虽可能达到百位或千位，但相较于庞大的市场需求而言，这一数量依然可控。因此，可以对所有祖代种猪与种鸡的基因进行全面检测，并据此建立完整的基因数据库。这样一来，市场上流通的所有相关产品均可通过基因比对的方式进行真伪验证，确保消费者的权益不受侵害。

2. 基因检测有赖于管理的配合

基于基因技术的视角，无论后代在何地生长，其本质属性不变。而根据地理标志制度，仅当产品在其指定地域内生长时方可被视为地理标志产品。因此，为有效验证地理标志产品的真实性，必须构建一套完备的管理体系，确保品种不被非法传播至外地。过往时期，品种的控制并未受到足够重视，导致一些优质的地方品种被随意引至外地，甚至作为礼品赠予国外。随着地理标志保护工作的开展，政府对品种保护的意识显著增强，保种场普遍置于政府的严格监管之下，对品种的初次繁殖与扩展实施了严格的许可制度。商品代产品被严格限制于本地企业依据实际需求进行购买，同时建立详尽的台账记录。当品种管理达到严格限制的标准后，从基因技术的角度而言，验证产品的正宗性便成为可能。消费者可自行选择检测机构进行验证，并且随着技术的不断进步，当前检测费用已大幅降低，使普通消费者也能承担。

3. 基因检测技术在优质农产品上的具体运用

虽然基因检测技术取得了突飞猛进的发展，但是基因检测技术在草木本产品上的应用，如"赣南脐橙"上的适用性不佳。主要原因在于"赣南脐橙"种植面积广泛，覆盖超过 170 万亩，涉及大量果树，对每棵树进行基因检测所需的人力与物力资源极为庞大，这显然与经济效益及实际操作不符。在商业应用的视角下，我们需以商业逻辑为基准进行评估。地理标志产品的品质受自然与人文因素的双重制约，其中的微小差异也会导致产品品质的千差万别。但某些特定小产区或农场由于拥有更为优越的气候条件或更为精细的管理，其产品往往展现出更高的品质，进而在市场上获得更高的价值认可。鉴于这些小产区及具体农场的规模有限，果树数量相对较少，这为优质果园实施逐树基因检测提供了实际操作的可行性。此外，在推行认养制度的农场中，客户对特定果树或牲畜的个性化要求日益增加，这进一步强调了产品身份验证的重要性。基因检测技术相较于现有的过程追溯技术，能更精准地满足消费者在此方面的需求。

随着基因检测技术的不断进步与成熟，其在地理标志产品领域展现出了广泛的应用潜力。结合地理标志管理制度，基因检测技术能够为终端市场的消费者提供强有力的验证手段，进而增强消费者对产品的信任，有效提升产品的市场价值及经营收益。

三、如何防止地理标志被撤销

《地理标志产品保护办法》第二十七条规定："有下列情形之一，自国家知识产权局发布认定公告之日起，任何单位或者个人可以请求国家知识产权局撤销地理标志产品保护……"《集体商标、证明商标注册和管理规定》第二十六条规定："……任何人可以根据商标法第四十九条申请撤销该注册商标。"根据上述规定，地理标志存在被撤销的可能，这一变化涵盖了地理标志产品与地理标志商标，二者均有可能在特定情况下遭受撤销的命运。此类撤销行为无疑对无形资产造成了重大的损失。鉴于地理标志的注册与登记过程极为烦琐与艰难，一旦遭遇撤销，管理部门或将面临难以推卸的责任。

（一）地理标志商标的撤销

地理标志商标与地理标志产品存在显著差异，其中地理标志商标具有明确的续展要求。若该商标在十年期满时未能及时续展，将面临被注销的后果。通过笔者的检索分析，发现某省份的地理标志商标中曾一度有高达25%的比例因未按时续展而被注销。针对此问题，解决途径相对直接明了，即需确保商标在到期前完成续展手续。

1. 哪些情况导致地理标志商标被撤销

根据《集体商标、证明商标注册和管理规定》第二十六条的规定，地理标志商标被撤销的情形主要有两种：①成为核定使用的商品的通用名称；②没有正当理由连续三年不使用。此处需重点阐述的是，若某一商标在无任何合理理由的情况下，连续三年未被使用，则可能被提出撤销该注册商标，业界内通称为"撤三"。近年来，"撤三"案件的数量显著增加，且该机制被部分市场主体作为商业策略加以利用，导致一些实际上仍在使用中的商标也遭受了被撤销的风险。"撤三"被非正当应用已引起行业内部的深切忧虑，地理标志商标亦未能幸免，也开始面临越来越多的"撤三"风险。下面，我们详细介绍一下如何避免"撤三"。

《集体商标、证明商标注册和管理规定》第二十六条和《商标法》第四十九条的规定基本一致："没有正当理由连续三年不使用"，这句话可以分解出两个条件：①没有正当理由，②连续三年不使用。

（1）正当理由的解释。

《中华人民共和国商标法实施条例》第六十七条规定："下列情形属于

商标法第四十九条规定的正当理由：(一)不可抗力；(二)政府政策性限制；(三)破产清算；(四)其他不可归责于商标注册人的正当事由。"根据该条规定，地理标志商标的注册人往往难以提出合理的正当理由。

(2)连续三年不使用。

在实践中，对于"撤三"申请的审查，连续三年不使用的时间段并非必然以提出申请之日起往前倒推三年为准。在某些案件中，申请人可能会策略性地选取一个特定的三年时间段作为审查依据。值得注意的是，大量已注册超过三年的地理标志商标若持续未进行有效使用，将面临"撤三"风险。

2. 如何防止"撤三"

为了确保地理标志商标不被以连续三年未使用为由撤销，必须对其进行有效的使用。《商标法实施条例》第六十三条第一款规定："使用注册商标，可以在商品、商品包装、说明书或者其他附着物上标明'注册商标'或者注册标记。"根据该条的规定，商标必须在商品、包装或其他商品附着物（如说明书等）上得到应用。仅在商品上使用注册商标是不够的，还必须在商标上明确标注注册商标标志，通常采用的标志为®。然而，在实际操作中，相当一部分企业并未在其注册商标上加注注册商标标志®，这样的行为将不被视为有效的商标使用。

(二)地理标志产品的撤销

1. 可能被撤销地理标志产品保护的情形

《地理标志产品保护办法》第二十七条规定，有下列情形之一，可能被撤销地理标志产品保护："(一)产品名称演变为通用名称的；(二)连续3年未在生产销售中使用地理标志产品名称的；(三)自然因素或者人文因素的改变致使地理标志产品质量特色不再能够得到保证,且难以恢复的;(四)产品或者产品名称违反法律、违背公序良俗或者妨害公共利益的;(五)产品或者特定工艺违反安全、卫生、环保要求,对环境、生态、资源可能产生危害的;(六)以欺骗手段或者其他不正当手段取得保护的。"

2. 如何防止地理标志被撤销

《地理标志产品保护办法》明确界定了六种可导致地理标志被撤销的具体情形,这些情形与地理标志商标的撤销条件相似。具体而言,若地理标志产品名称逐渐演变成为该类别产品的通用名称,或该产品名称连续三年未在生产和销售过程中得到应用,均可能构成撤销地理标志的依据。特别值得注意的是,地理标志产品名称未被使用的情况较为普遍,尤其是对于早期获得认定的地理标志产品而言,这种情况更为突出。在笔者的实际工作过程中,甚至发现了一些地区已完全遗忘了本地地理标志产品的存在。为了防止地理标志产品面临被撤销的风险,确保其持续有效地使用至关重要。

(三)如何防止地理标志名称演化为通用名称

《地理标志产品保护办法》与《集体商标、证明商标注册和管理规定》均明确指出,地理标志名称若演化为通用名称,则可提出撤销申请。因此,防止地理标志名称向通用名称的转变已成为地理标志管理工作中的关键环节,不容忽视。

1. 司法实践中如何判断通用名称

典发食品(苏州)有限公司(简称"典发公司")2014年4月17日申请注册"千页"商标,申请/注册号14402363,被核准注册,核定使用商品(第29类):豆腐;豆腐制品等。上海清美绿色食品(集团)有限公司（简称"清美公司"）2018年11月19日以"千页"成为商品通用名称为由，向国家知识产权局申请撤销该商标在"豆腐；豆腐制品"部分核定使用商品上的注册。该案经过国家知识产权局的审查，北京知识产权法院一审，北京市高级人民法院二审，最终北京市高级人民法院在（2022）京行终2号行政判决书中认定"千页"构成产品的通用名称。北京市高级人民法院在（2022）京行终2号行政判决书详细阐述了通用名称的判断依据。笔者通过解读判决书，从判决书中查明的事实可以看到法院一般从哪些方面审查注册商标是否退化为通用名称。

（1）行业协会的说明和介绍。

中国食品协会豆制品专业委员会向国家知识产权局出具函件，指出"千页"为一种产品名称，该名称在"千页"商标注册之前就已经被业内企业广泛使用。

（2）图书的介绍。

判决书罗列了6本图书，6本书都提到"千页豆腐"是产品名称。

（3）报纸媒体的报道。

判决书列举了多家官方纸媒的39篇媒体报道，说明"千页豆腐"是一道菜品名称。

（4）杂志期刊刊登的文章。

判决书列举了12篇发表在杂志上的文章，证明"千页豆腐"是产品名称。

（5）网络的介绍。

判决书列举了在新浪微博、百度等以"千页豆腐"作为关键词的检索结果。百度百科、360百科关于"千页豆腐"的释义显示为：千页豆腐是一种素食新产品，以大豆分离蛋白和水为主要原料，食用植物油、淀粉等为辅料，添加或不添加稳定剂和凝固剂、增稠剂，经斩拌乳化、调味、蒸煮、冷却、切块或再速冻等全部或部分工艺制成的大豆蛋白制品。在各网络平台,"千页豆腐"均作为食材原料或食材名称出现。

（6）相关公众的认知。

在大众点评网站以"千页豆腐"为关键词进行搜索,搜索结果显示"千页豆腐"系作为菜名或制作美食的原料、食材。另外,在北京、上海等城市聘请专业机构发放"千页豆腐市场专项调研问卷",调查结果显示大部分消费者不认为"千页豆腐"是注册商标。

（7）同行业的认知。

在京东、天猫、淘宝上搜索"千页豆腐",检索到大量的企业都在将"千页豆腐"作为食品名称,证明在行业内"千页豆腐"已经被看作是食品名称。

（8）专利检索。

在国家知识产权局官方网站检索,发现若干主体均向国家知识产权局提出了"千页豆腐"生产方法、制备方法的专利。虽然在上述证据中有部分主体使用"千叶""千夜""千冶",但是仍能证明"千页豆腐"是明确且相对统一的商品名称,"千页豆腐"已经广泛被其他同业经营者作为商品名称使用。

（9）标准问题。

清美公司提交了中国食品工业协会于2018年7月1日发布的T/CNFIA108—2018《团体标准 千页豆腐》。法院认为该标准仅为由包括清美公司在内的12家起草单位共同确定的团体标准,并非国家标准、行业标准。《中华人民共和国国内贸易行业标准—大豆食品分类》并未包含"千页豆腐"。一审及二审法院均认为不能证明诉争商标在清美公司提出撤销申请之时到国家知识产权局审查和原审法院审理之时,在其核定使用的"豆腐;豆腐制品"商品上已经成为法定通用名称。

（10）商标权人自己的使用情况。

典发公司官方网站上的产品展示包括千页豆腐系列，具体介绍千页豆腐时标明"品名：千页豆腐"，同时介绍千页豆腐是豆腐的新品，还介绍了千页豆腐的若干食谱，包括"干锅千页豆腐""鱼头烧千页豆腐""台式家乡千页豆腐锅""红烧肉千页豆腐"等。典发公司生产的产品名称为"典发食品牌千页豆腐"，获得苏州市名牌产品认定委员会颁发的苏州名牌产品证书。上述内容证明商标权人已经将商标作为产品名称使用。

（11）法律规定。

《最高人民法院关于审理商标授权确权行政案件若干问题的意见》第七条规定："……依据法律规定或者国家标准、行业标准属于商品通用名称的，应当认定为通用名称。相关公众普遍认为某一名称能够指代一类商品的，应当认定该名称为约定俗成的通用名称。被专业工具书、辞典列为商品名称的，可以作为认定约定俗成的通用名称的参考。"

根据该案的判定标准，诸多地理标志可能均被视为通用名称。因此，地理标志管理者需审慎寻找一个平衡点。这一平衡点的确立旨在既促进宣传力度的扩大，又可有效避免地理标志退化为通用名称的风险。为实现这一目标，寻求专业机构协助设计和维护显得尤为重要。

2. 如何防止演变成通用名称

地理标志名称与产品通用名称之间天然存在着一定的亲近性。以"南丰蜜桔"为例，它不仅是江西南丰县独有的特产，同时也作为地理标志名称和蜜橘品种名称被熟知。同样地，工夫红茶作为一种源自江西修水县的优质茶叶，其名称也经历了类似的演变。修水县以"修水宁红茶"为名称成功申请了地理标志产品，并在农产品地理标志登记中沿用了这一名称。此外，铜鼓县和武宁县也分别登记了"铜鼓宁红"和"武宁宁红"，显然

"宁红"被通用名称化了。地理标志名称在市场上被通用名称化，这一现象应当引起地方政府的充分重视。因为地理标志不仅是产品独特品质的象征，也是地方文化和传统的重要载体。若任由其被通用化，可能会削弱地理标志的独特性和辨识度，进而影响相关产品的市场竞争力和品牌价值。因此，地方政府应加强对地理标志名称的保护和管理，确保其独特性和价值得到充分体现和传承。

广东某地的"××李"被认定为地理标志产品，其管理机构发现广东与广西地区存在多起种植相同品种并擅自使用"××李"标识的产品销售行为。针对此现象，该地已正式向相关种植区域致函，要求更名以免混淆。然而，单纯依靠发函可能不足以彻底解决问题，需进一步通过政府层面的协商或请求共同上级政府介入进行调解。此外，解决此问题更需从市场角度出发，采取必要的行政或法律手段进行整治。地理标志的合法持有人可依据相关法律法规，借助市场监督管理局的力量，对涉嫌不正当竞争或商标侵权的行为展开深入调查，并视情况采取法律行动，包括但不限于提起诉讼，要求停止非法使用"××李"地理标志名称的行为，并依法追究相应的赔偿责任。

长安福特汽车公司（简称"福特公司"）所生产之汽车，被冠以"Cognac"（干邑）特别版之名，并将相关车身颜色命名为"干邑棕"。此举引发了干邑行业办公室的诉讼，指控福特公司利用"干邑"地理标志进行商业宣传，构成不正当竞争。经苏州市中级人民法院一审审理，认定福特公司的行为构成不当竞争，并裁定其赔偿人民币200万元。该判决随后得到江苏省高级人民法院的维持。该案中，干邑酒与汽车本属不同领域，福特公司仅将汽车外壳颜色命名为"干邑棕"，并自称为通用名称。然而，法院并未采纳福特公司关于"干邑棕"为通用名称的主张。法院认为，干邑葡萄酒行业与汽车行业之间存在竞争关系，尤其在产业多元化发展的背景下，跨界合作与混业经营日益频繁。福特公司的行为易导致公众混淆，使消费者误认为福特汽车与干邑葡萄酒存在特定联系，进而增加干邑地理标志被通用化的风险，并损害产品形象。因此，法院判定其行为构成不正当竞争。二审法院进一步强调，认定福特公司构成不正当竞争。[1]综上，防止地理标志被通用名称化为地理标志保护之核心原则，不容违背。

4.防止演化成货源标记

地理标志与货源标记系是两个截然不同的概念，其差异在经营者层面尤为显著。地理标志不仅彰显了产品所具备的特定品质与良好声誉，更天然蕴含品牌效应，能够显著提升产品附加值，促进销售增长。相较之下，货源标记仅用于标识产品的原产地，对产品定价及销售提升的作用相对有限。因此，将地理标志简化为货源标记实则削弱了其内在价值，此现象需引起高度重视并加以防范。

在实际操作中，地理标志产品往往在产地以外被异化为货源标记。以江西地理标志商标"宁都黄鸡"为例，作为地理标志商标，其由宁都县的江西省惠大实业有限公司（简称"惠大公司"）大量销往广东。然而，据惠大公司负责人透露，广东市场普遍将"宁都黄鸡"简称为"江西鸡"，类似情况亦见于安徽凤阳县的地理标志商标"凤阳麻油"在杭州市场的销售，被市场称为"安徽麻油"，均体现了地理标志被降级为货源标记的现象。

深入分析此现象，其根源主要在于产品经营者的策略与态度，经营者往往过于侧重销售数量而忽视了对品牌价值的维护与塑造。面对客户对产品的不准确认知与称呼，经营者未能及时纠正并引导，同时在产品包装等宣传材料中也未能充分凸显地理标志产品的独特性与价值。鉴于此，我们

---

[1] 江苏省高级人民法院（2021）苏知终 6 号民事判决书。

强烈建议地理标志产品的经营者积极申请并使用地理标志专用标志，以明确区分于普通产品。同时，应加强对销售后端的品牌培育工作，主动纠正客户的错误称呼，引导其正确认识地理标志产品的独特品质与声誉，进而理解并认同其高价值，从而更好地向终端消费者有效传递地理标志产品的核心价值，促进市场的健康发展。

后 记

鉴于早年求学时的经历，笔者始终对农业领域研究怀有浓厚的兴趣。在长达三十余年的法律职业生涯中，笔者尤为关注农业知识产权方面的演进与发展，并频繁以专家、学者身份参与国家部委及多地涉农问题的研究与教学工作，其间，广泛收集并整理了丰富的地理标志研究资料。可以说，中国地理标志所覆盖的一半土地，都留下了笔者实地考察的足迹。

自2000年前后，笔者开始在网络平台上撰写随笔，其中不乏对农业及地理标志领域的深入思考与见解。本书的撰写，正是源于当前市场上对地理标志实务指导书籍的迫切需求，书中诸多案例均源自笔者多年来的不懈积累与精心挑选。我们期待本书能够得到读者的喜爱与认可。

本书的完成，得益于多位重量级人士的鼎力支持与贡献。中国教育发展战略学会乡村振兴专委会副理事长邓一凡先生、北京中金浩资产评估有限公司董事长丁坚先生及总经理马新明先生，各自依托其专业领域的深厚造诣，参与了本书部分章节的撰写，其中邓一凡先生独立撰写了第一章、第二章及第八章内容，丁坚先生和马新明先生参与了其他章节的写作。本书的责任编辑中国知识产权出版社龚卫老师对本书的成书提供了认真的审校与内容上的指正，使本书得以顺利出版。

此外，我们还特别感谢北京华纳律师事务所的莫惧律师，她对本书第八章地理标志法律部分内容进行了细致入微的补正与完善，确保了本书内容的严谨性与准确性。